NEGOCIANDO COM O SUCESSO

OS SEGREDOS POR TRÁS DOS GRANDES RESULTADOS

EDITORA CHAVE MESTRA®

Ficha técnica

EDITORA CHAVE MESTRA®

Av. Marcos Penteado de Ulhoa Rodrigues, 1119 – Tamboré, Alphaville – SP,
Ed. Office Shopping Tamboré – Andar 21 – Sala Chave Mestra
CEP. 06460-040
@editorachavemestra
editora@editorachavemestra.com.br
Acesse: www.editorachavemestra.com.br

Título original em português:
Negociando com o sucesso: os segredos por trás dos grandes resultados

Direção editorial: Raquel Medeiros
Coordenação editorial: Bartira Costa Neves
Assistência editorial: Eloiza Andrade e Larissa Robbi Ribeiro
Revisão: Gabriela Andrade
Diagramação e projeto grá ico: Weslei Eugênio
***Branding* de capa:** Carlos Gabriel N. de Souza

Dados Internacionais de Catalogação na Publicação (CIP)

Vale, Rogério. (Organizador)

V149 Negociando com o sucesso: os segredos por trás dos grandes resultados / Rogério Vale (org.) – Barueri, SP. Chave Mestra Editora, 2024. 256 p. : 16 x 23 cm

ISBN 978-65-5496-072-4

1. Negócios. 2. Sucesso. 3. Inteligência financeira. 4. Empreendedorismo. 5. Fé. 6. Atitude. 7. Finanças pessoais. I. Título.

CDD 158.1

Sumário

APRESENTAÇÃO

N*egociando com o sucesso*, mais do que um livro, é uma coletânea de relatos inspiradores e transformadores para aqueles que desejam redefinir suas vidas e conquistar seus objetivos mais audaciosos. Com reflexões profundas e lições da vida real, esta obra oferece uma perspectiva poderosa sobre como converter desafios em oportunidades e sonhos em realidade.

Vivemos em um mundo marcado por pressões constantes e incertezas crescentes, onde equilibrar vida pessoal e carreira pode parecer uma tarefa inalcançável. Este livro convida você a pausar, refletir e reimaginar o que significa ter sucesso. Nestas páginas, de forma muito particular, cada coautor(a) explora temas essenciais como autoconfiança, resiliência, gestão do tempo, comunicação eficaz e liderança, guiando o leitor a descobrir o segredo para uma vida plena e significativa.

Logo nos primeiros capítulos, você aprenderá a acreditar em si mesmo(a) e descobrirá que é na autoconfiança que reside o poder de transformar ideias em ações concretas. Depois, conhecerá um percurso que ensina sobre como superar adversidades e enxergar obstáculos como oportunidades de crescimento. Histórias reais e estratégias de sucesso se entrelaçam para inspirar não apenas grandes empreendedores, como também aqueles que estão começando sua jornada.

Outro ponto alto da obra é a ênfase na importância da transparência, da cultura organizacional e do impacto que uma comunicação clara pode ter sobre resultados. São apresentados *insights* valiosos sobre como construir uma base de confiança, tanto no âmbito pessoal quanto profissional, mostrando que o verdadeiro sucesso vai além dos números — ele está no legado que deixamos.

Você também encontrará exemplos práticos e inspirações inesperadas, como a relação entre confeitaria com propósito e a criação de um negócio significativo. Cada capítulo reforça que ter sucesso não se trata de somente alcançar metas, mas principalmente do impacto gerado e do crescimento que experimentamos ao longo do caminho.

Com textos cativantes e experiências replicáveis, *Negociando com o sucesso* é um convite à reflexão e à ação. Ele desafia você a olhar para dentro, a ressignificar dificuldades e a celebrar cada pequena vitória ao longo da jornada.

Este é o momento de negociar o seu êxito e transformar sua história. Que as páginas que seguem sejam o ponto de partida para suas próximas conquistas.

Uma leitura de sucesso!

EDITORA
CHAVE MESTRA®

IDEC INSTITUTO DE DESENVOLVIMENTO COMPORTAMENTAL

Alexandre Amigão

Sou Alexandre Roberto da Silva, mais conhecido como Alexandre Amigão. Moro em Guarulhos, com minha parceira para a vida, minha esposa Cláudia; somos casados há 28 anos. Nossa filha Milena hoje mora na Noruega e nos presenteou com dois netos lindos, a Yuna e o Hakim.

Trabalho com vendas desde que me entendo por gente e já tenho mais de quarenta anos de profissão. Poderia ter entrado para as estatísticas de pessoas que vêm ao mundo programadas para o fracasso.

Morando na rua. Sem ninguém. Sem nada a meu favor. Abandonado pelos pais, sem nenhuma segurança ou apoio. Felizmente, encontrei anjos que iluminaram minha vida e, agora, compartilho com vocês um pouco dessa história.

eusoualexandreamigao

+55 (11) 94790-8120

eusoualexandreamigao

alexandre@amigaosaude.com.br

NEGOCIANDO
COM O SUCESSO

1

DE MENINO DE RUA A EMPREENDEDOR DE SUCESSO

Por Alexandre Amigão

Olá, caro leitor! O que vou compartilhar com vocês agora é a história real de vida.

Acredito que é muito importante iniciar esta conversa com vocês agradecendo a Deus, que sempre cuidou de todos os detalhes, e agradecendo à minha família, que me apoia em tudo que faço.

Meus pais se separaram quando eu era muito pequeno, eu não me lembro da minha infância com a minha mãe. Morávamos eu e minha irmã, Cristiane, com o meu pai em um barraco no Jardim Ângela (zona sul de São Paulo). Ele era uma pessoa bem complicada e com vício em álcool e drogas. Esses vícios o deixavam muito agressivo e não tínhamos uma estrutura familiar. Até que um dia, depois de um desentendimento com ele, fugi de casa e fui parar nas ruas.

Com apenas 7 anos, eu precisei me virar para poder sobreviver nas ruas de São Paulo, enfrentei muita fome, humilhação e muito desprezo. Iniciei minha trajetória de sobrevivência pedindo um saquinho de amendoim emprestado e, deste amendoim, consegui fazer dois saquinhos e assim sucessivamente. Fui multiplicando esse pouquinho para poder seguir em frente.

Hoje, depois de já ter superado muitas coisas, seria "fácil" vir aqui para vocês e falar que eu "empreendo desde cedo". Mas a verdade sobre minha vida nessa época é bem menos bonita. Seja trabalhando em barraquinhas de cachorro-quente, vendendo picolés ou amendoins, pelas ruas de São Paulo ou até catando papelão, na realidade o meu objetivo era bem simples: sobreviver por mais um dia.

A última vez que vi o meu pai, eu tinha apenas de 8 para 9 anos. Ele me encontrou na rua e no primeiro momento em que o vi fiquei muito feliz, pois achei que ele tinha ido me buscar. Mas, na realidade, ele só veio me entregar minha certidão de nascimento. Ele me entregou o papel, virou as costas e foi embora. Essa atitude me deixou muito triste, pois eu era apenas uma criança e ele não se importou em me deixar na rua.

Foram tempos difíceis, mas, de alguma forma que eu não sei descrever direito até hoje, desistir nunca foi uma opção que eu achei aceitável. Às vezes, batia uma tristeza, até um certo desespero, mas sempre acreditei que iria dar o meu jeito, que eu iria conseguir de alguma forma sair daquela situação, mesmo que eu não fizesse ideia como.

Naquela época, eu já era um menino muito sonhador. Sonhava em trabalhar em uma lanchonete, porque sabia que lá não faltaria comida e, mesmo sendo muito criança, já sonhava em ter a minha própria família, ter a minha empresa e encontrar a minha mãe. Felizmente, Deus em sua sabedoria fez de mim uma pessoa comunicativa. Isso me ajudou muito nesse período e ajuda até hoje.

Viver nas ruas não é fácil, porque não faltam oportunidades para roubar e usar drogas ou pior. O convite para coisas negativas está sempre ali. Mas fui me virando, consegui não cair nos vícios ou no crime, até que um dia um anjo me encontrou. Eu estava deitado no chão, nas imediações do Jabaquara, aqui na cidade de São Paulo, quando um homem que eu nunca tinha visto se aproximou e me perguntou se eu tinha família. Falei que não. Então ele me fez o convite para eu ir morar com ele.

Na hora, fiquei muito desconfiado, perguntei onde ele morava e se tinha família. Ficamos conversando por um bom tempo. Então pensei: "Estou morando na rua há alguns anos", já tinha visto muitas coisas ruins acontecerem bem perto de mim, sabia que havia muita gente com maldade no coração, só procurando por uma oportunidade para tirar vantagem dos outros. Mas, por algum motivo, aquele homem parecia tão calmo e em paz falando comigo, que na época eu pensei: "O que mais eu tinha para perder?".

Eu tinha aproximadamente 10 anos quando fui morar com o senhor José Milton dos Santos, na cidade de Praia Grande/SP. Ele já estava no segundo casamento quando cheguei à sua casa. Conheci sua atual esposa Rose e sua filha Fernanda, que na época tinha poucos meses. Vocês devem conseguir imaginar a reação da esposa dele quando ele chegou em casa com um menino "morador de rua". Por incrível que pareça, fui bem tratado e, com o passar de alguns dias, conheci os outros filhos de seu primeiro casamento. Como ele trabalhava de pedreiro, eu ia com ele para as obras e ajudava no que eu conseguia. Aprendi bastante sobre essa profissão, foram tempos muito bons. Pela primeira vez, em muito tempo, eu me senti acolhido.

Aos 14 anos, voltei para São Paulo e consegui realizar um dos meus primeiros sonhos: trabalhar em uma lanchonete. Minha vida começou a mudar muito rápido nessa época, pouco tempo depois, aos 20 anos: conheci a Cláudia, hoje minha esposa. Quando decidimos ficar juntos, fomos morar em uma casinha nos fundos do quintal da casa da minha sogra.

O tempo passou, minha filha Milena nasceu e logo depois perdi o meu emprego na lanchonete. Voltei a fazer o que eu sabia: vender doces na rua. Sempre fui grato a Deus por cada doce que vendia, mas agora eu tinha uma família e a lucratividade dos doces não era mais o suficiente. Pedi a Deus que me mostrasse algo para vender para que eu pudesse dar uma realidade melhor para minha família. E, então, a vida me mostrar um novo rumo: vender de planos de saúde.

Eu e minha esposa começamos vendendo planos de saúde em casa. Naquela época, a internet não era algo acessível e eu praticamente nem sabia que isso existia. Minha principal fonte de clientes era a panfletagem. Acordava de madrugada e ia para pontos estratégicos, como estações de metrô e áreas comerciais aqui de São Paulo. Quanto maior a quantidade de gente, melhor; distribuía os folhetos com o número de telefone de casa e era a minha esposa quem atendia os clientes. Muitas vezes, minha filha ainda pequena nos acompanhava nas visitas.

Por incrível que pareça, mesmo distribuir um simples folheto não foi tão fácil. Além da indiferença das pessoas, os bate-bocas com outros panfleteiros eram comuns e sofrer ameaças também era parte da rotina. Até em briga eu já entrei por causa dos panfletos. Definitivamente, não era fácil.

Nosso primeiro escritório foi em Itaquera, onde trabalhávamos eu, minha esposa e nossa filha. Logo depois, abrimos uma segunda unidade em São Miguel Paulista, onde já atuamos há mais de nove anos. A partir desses dois pontos, conseguimos atender a todo o Brasil. Todas essas histórias, aprendizados, dificuldades e sonhos me levaram à criação da Amigão Saúde. Ainda acho isso "muito louco", pois eu só tenho o 4º ano do primário. Aprendi muito quebrando a cabeça, dando a cara e realizei muita coisa, mesmo assim.

Tudo que eu tenho hoje – minha casa, meus escritórios e a vida que eu ofereço à minha família – eu devo primeiro ao talento em vendas que Deus me deu e depois ao mercado de planos de saúde.

A Amigão Saúde, desde o começo, foi pensada para ser muito mais que uma empresa comum. A minha visão do que é sucesso vai muito além de só ter um faturamento alto no final do mês. O objetivo da minha empresa é causar um impacto positivo na comunidade e nas pessoas, mostrando para os jovens que existem oportunidades e realidades que muitas vezes a gente nem sequer sonha, mas que podem sim ser alcançadas. Ensinar os jovens a trabalharem com valores e ética, para que eles tenham o seu primeiro emprego e exerçam uma profissão para viver dignamente, é um compromisso que eu não abro mão.

Nesses quase dez anos de Amigão Saúde, passamos por vários desafios. Mas, estou conseguindo atingir o meu objetivo, que é transbordar na vida desses jovens. Muitos deles tem uma vida muito parecida com a minha de anos atrás.

Chegam aqui desacreditados e sem expectativas de serem capazes de alcançar uma vida melhor, com a chama interna deles quase apagada. E aí é que eu entro, mostrando para eles de onde vim e que os desafios e provações que eles passam são parecidos com os que eu passei. E que cada um deles tem o poder de transformar sua vida e o seu futuro. Só que, para isso, essa fagulha que existe dentro deles precisa ser alimentada com força de vontade para que possa brilhar com intensidade.

Nós os ajudamos a incendiar essa brasa e, com isso, podemos realizar sonhos que pareciam impossíveis. Indo muito além do alcance material, porém aproveitando o que o torna possível, para conseguir proporcionar experiências marcantes como viagens de cruzeiro e *resorts*.

Agora, quero compartilhar com vocês alguns dos pontos que trabalhamos em nossas equipes e que tem ajudado a Amigão Saúde se consolidar como uma referência de sucesso e prosperidade.

Nada vem sem esforço. Em nossos treinamentos, uma das prioridades é estudar a fundo sobre vendas e como se relacionar com o público. Somente assim você terá um melhor entendimento da área em que quer atuar e de que forma vai trabalhar para que seu projeto funcione.

Pode parecer óbvio que cada profissional precisa dominar o seu produto, mas muitos falham nesse quesito. Você precisa conhecer todos os detalhes sobre o que vai ofertar. Assim, estará preparado para fazer uma venda mais estratégica, do tipo que converte contatos frios em clientes fiéis. Além disso, você precisa entender muito bem sobre as diferentes abordagens de negociação e como reverter uma negativa, transformando até mesmo uma possível perda em uma venda. Ficar atento a todos os detalhes e informações é fundamental para sua prosperidade e a do seu negócio.

A disciplina, o foco e a persistência são imprescindíveis. Trabalhar com vendas significa estar pronto para enfrentar altos e baixos. A falta de disciplina ou de resiliência podem lhe afastar do seu objetivo quando os problemas aparecerem. Tenha compromisso com o trabalho.

E, por fim, conheça seu cliente. Essa é a parte mais fundamental do processo. Você precisa conhecê-lo, tratá-lo e auxiliá-lo muito bem. Você, que assumiu o compromisso de ser um profissional de vendas, é que precisa estar no controle da situação.

Estudar, ser maduro e resiliente são ferramentas para criar bons relacionamentos com clientes. E tudo isso é fundamental para ser um empreendedor de sucesso.

> “Nunca sinta vergonha da sua própria história. Um dia, ela poderá ser uma grande inspiração para alguém que está começando.”

Alexandre Amigão

Alliny Araújo

Sou Alliny Araújo, casada com Leonardo e mãe da Ana Júlia. Trabalho desde os 16 anos. Tenho formação em Engenharia Mecânica, especialização em Gestão de Pessoas com ênfase em Liderança e Inovação, agora cursando pós-graduação em Neurociência, Comunicação e Desenvolvimento Humano.

Tive grandes oportunidades profissionais, atuando com gestão de pessoas e como diretora executiva e financeira por vários anos. E tudo isso forjou a pessoa que sou hoje: empresária, palestrante, mentora e escritora, sendo coautora do livro *Liderança e performance: a arte da liderança eficaz*. O que antes era só um *hobby* se tornou um propósito: compreender os comportamentos fundamentais para pessoas se tornarem bem-sucedidas e memoráveis.

allinyaraujo1

Alliny Araújo

NEGOCIANDO
COM O SUCESSO

2

O PAPEL DA CONFIANÇA NOS GRANDES RESULTADOS

Por Alliny Araújo

Há alguns anos, venho pesquisando sobre que características são necessárias para que uma pessoa tenha sucesso profissional. Tudo começou quando observei que algumas pessoas tinham êxito em seus negócios e outras não, e que a diferença entre elas não se tratava de uma questão técnica. Então me perguntei: que fatores são determinantes para que uma pessoa tenha resultados extraordinários?

Comecei a estudar sobre o assunto e descobri que se trata de habilidades comportamentais, emocionais e sociais. Mas eu quis ir mais fundo e descobrir algo que fosse um divisor de águas. Estudando diversos autores que falam sobre sucesso, encontrei um conselho comum entre eles: tenha confiança!

Não é apenas confiança em si mesmo, mas a confiança no processo e que todas as coisas darão certo, que tudo se encaixará como o fluir de cada nota musical de uma sinfonia perfeita. Essa foi uma virada de chave. Desde então passei a confiar mais em mim e a acreditar que todos os projetos em que eu estivesse envolvida iriam prosperar. Mudei meu modo de pensar e agir. Antes eu pensava: "E se der errado?". Hoje penso e sinto: "Vai dar certo!". Ajustei toda minha percepção sobre a realidade para enxergar aquilo que contribui para a solução dos problemas. Vejo cada desafio como uma oportunidade de engradecer o meu potencial.

Todos os dias somos expostos a infinitas possibilidades, mas o direcionamento dos seus pensamentos é que será o imã para atrair aquilo que vibra na mesma frequência. Calma! Vamos entender melhor o que é confiança e depois veremos como ser magnético, atraindo o êxito para seus objetivos.

A confiança é o sentimento de que suas expectativas serão atingidas. É acreditar que tudo encontrará o seu devido lugar, como um fluir leve e natural. Estar confiante sobre si mesmo e no processo impacta de forma positiva os seus resultados. É como um alinhamento de percepção, em que seu cérebro se conecta com situações que reafirmam o que sua mente está pensando.

A percepção alinhada lhe faz enxergar de maneira direcionada. Estar confiante sobre seus resultados é como acessar uma possibilidade do futuro em que tudo já deu certo e trazer esses sentimentos de alegria e entusiasmo para o presente. Essa memória de alegria, mesmo que imaginária, é a linha que conecta você a essa visão. Logo, todo o seu ser trabalhará para realizar o que foi mentalizado. Até mesmo o universo contribui para isso, porque ele é o fornecedor das ferramentas e, com as suas lentes de percepção, o que antes era apenas uma possibilidade no futuro se manifesta na sua realidade.

Quanto mais você mentaliza com riqueza de detalhes a situação que obteve êxito, mais se torna claro o caminho de chegar até lá. Essa conexão vai se fortalecendo e o como se revela na proporção da sua determinação em fazer acontecer. Sua energia agora vibra na frequência do seu propósito definido. E o como chegar lá, que antes era invisível aos seus olhos, agora é iluminado e reluzente e você não precisa fazer esforço para enxergar. Simplesmente flui.

Parece difícil no primeiro momento, mas você pode acessar qualquer possibilidade no futuro por meio da sua imaginação. Essa prática vai lhe apresentar resultados incontestáveis, mas eu entendo se você tiver resistência em aplicar. Para você compreender melhor, eu lhe convido a fazer testes simples.

Imagine uma situação improvável, mas não impossível, e que seja simples de realizar, como alguém chegando até você com um objeto específico. Imagine cada detalhe: o sentimento que você terá ao ver o determinado objeto, o clima ao seu redor, os sons no ambiente, o cheiro, a cor, o que você vai dizer quando tudo isso se concretizar. Feche os olhos e sinta como se estivesse lá. Respire fundo e lentamente nesse processo. Repita isso quantas vezes puder, até que aconteça. Garanto que, se você verdadeiramente acreditar, não serão necessárias muitas vezes.

Você precisa saber que nosso cérebro funciona de forma mais eficiente quando ele acessa memórias (conexões neurais já existentes) em vez de criar do zero as realidades que desejamos. Criar conexões do zero gasta muita energia e vai contra a função principal dele: garantir a nossa sobrevivência. O nosso cérebro também não faz distinção entre situações imaginadas e situações reais. Então dê a ele a matéria-prima que ele precisa para transformar seus desejos em realidade: crie memórias de sucesso por meio da imaginação. Apesar de serem imaginadas, as conexões neurais serão formadas e cada vez mais o cérebro vai favorecer a manifestação dessa situação na sua realidade.

Isso é semelhante à formação do hábito. Imagine uma mata bem alta e que você precisa chegar até o outro lado, mas você não consegue ver nada além de mato. Então você vai cortando o mato e avançando aos poucos, enxergando apenas o passo à frente. Nesse momento, não há clareza do que existe do outro lado. Pela incerteza do resultado, é normal sentir medo, mas você continua até cumprir a tarefa de atravessar. Quando chega ao outro lado, você comemora. Mas o que acontece com a mata depois que você atravessou pela primeira vez? Ela volta a crescer. Se você demorar muitos dias para fazer o percurso novamente, você vai se deparar com uma mata grande e vai ter dificuldade em atravessar, novamente. Mas se caminhar várias e várias vezes por esse trecho, você deixará essa terra estéril e, mesmo quando estiver longe de terminar o percurso, você vai enxergar o outro lado com clareza.

Assim acontece quando você vai transformar qualquer atividade em um hábito: no início, você não sabe os detalhes, mas, com o passar das repetições, você vai perceber com facilidade o como chegar lá. E o que isso tem a ver com a confiança? Você pode transformar o ato de se sentir confiante em um hábito e, através do processo de mentalização, abastecer o seu cérebro de memórias de sucesso, se enxergando no fim do processo, já com a conquista obtida. Você pode construir suas memórias dando um passo de cada vez, imaginando-se com êxito em pequenas realizações. Cada ato oferecerá combustível necessário para você subir um degrau mais alto.

Por outro lado, a falta de confiança se apresenta como uma defesa do cérebro para evitar frustrações. Uma tentativa malsucedida por sinal, porque você antecede a frustração, trazendo o insucesso para o momento presente. Há sempre dois lados da moeda e é verdade que não podemos ignorar as possibilidades de as coisas darem errado. Porém, aquilo que você foca e coloca sua energia se expande. Então, ao focar as possibilidades negativas, você as atrai para si. Suas lentes de percepção se voltam para você enxergar tudo que pode contribuir para essa concretização e poder reafirmar o que pensou no início: “Eu sabia que não ia dar certo!”.

Saiba que pensamentos e palavras têm poder! Nossos pensamentos são traduzidos em verbalizações, que por sua vez produzirão ações correspondentes. Logo, os seus resultados têm relação direta com seus pensamentos e falas. Além disso, o nosso cérebro tende a alinhar a visão para enxergar oportunidades de como executar aquilo que falamos, e você fica preso em um *loop* infinito de obter sempre mais daquilo que pensa, sente e fala.

A energia que você gasta para pensar de forma negativa é a mesma que gasta para pensar de forma positiva. Então, por que não direcionar seus pensamentos para o que é bom?

Vamos ajustar também o nosso diálogo interno, pois ele reflete na maneira como nos comportamos. Pare de se cobrar perfeição. Pare de se punir e se sabotar. Vamos mudar as conversas que temos com nós mesmos, sendo mais gentis e mais amáveis. Substitua frases do tipo “Não consigo fazer isso” e “Sou insignificante” por frases como “Eu posso alterar minha realidade”, “Tudo que toco prospera”.

Troque o sentimento de ser vítima das minhas circunstâncias pelo sentimento de que ser cocriador da própria realidade. O sentimento que você emana associado aos pensamentos formam um grande campo de atração para mais disso. Então, quero que você pense e sinta seus objetivos como: realizados com sucesso!

Vamos juntar isso à sua fisiologia. Ao se sentir vitorioso, existe um conjunto de ações que acompanham essa sensação: o seu sorriso, o franzir da sua testa, o movimento dos seus braços e suas pernas, o seu grito de guerra, o pulsar do seu coração, sua vibração de alegria, entre outros. São elementos que mudam a energia de toda a atmosfera.

Preciso que você treine isso. Na frente do espelho, sozinho e desinibido, treine sua reação quando recebeu a notícia de que seus objetivos foram alcançados. Isso construirá conexões neurais de sucesso; em outras palavras, você está criando memórias que servirão de subsídios para você enfrentar qualquer situação com confiança.

Tenha certeza de que você consegue fazer qualquer coisa, mesmo que demande recursos como tempo, dinheiro ou pessoas. Você é capaz e merecedor de conseguir obter êxito em tudo que se propuser a fazer. Saiba que você tem responsabilidade sobre seus resultados e não jogue essa tarefa para as circunstâncias ou para terceiros. O poder está em suas mãos. Cada vez que você enfrentar um medo vai crescer em confiança, energia e capacidade.

Não coloque limites no seu potencial. Você pode sonhar coisas que ama e parar de pensar no que teme. O medo é uma resposta emocional, é uma imaginação mal-empregada. Criamos nossos próprios pesadelos. Pare de se identificar com imagens erradas sobre si próprio, ou ainda com imagens de eventos que não deseja para si.

Posicione-se como cocriador da sua vida e isso mudará a sua realidade. Acredite em si mesmo, adotando a sua melhor versão. Imagine como seria se já fosse hoje a pessoa que sempre sonhou ser. Que comportamentos você tem? Que jeito você se veste? Que perfume você usa? Com quem você anda? Que lugares frequenta?

Comemore, vibre, sinta! O seu estado interno mudará o seu estado externo. O quão grande seriam os seus sonhos se você tivesse a confiança de que não iria falhar?

> “Cada pequena tarefa realizada com sucesso lhe oferece a confiança necessária para realizar o próximo passo.”
>
> *Alliny Araújo*

Ana Beltrão

Sou Ana Beltrão, soteropolitana, nortista de coração, casada com Alberi há 24 anos e mãe de João Lucas e Mateus, de 15 e 7 anos, respectivamente.

Sou administradora, especialista em Gestão de Pessoas, em Docência do Ensino Superior e, em breve, em Psicologia, bem-estar, saúde e felicidade.

Atuo como mentora, palestrante, consultora e treinadora comercial. Já treinei mais de sete mil pessoas e desenvolvi mais de 180 empresas.

Para chegar até aqui, muitas dificuldades foram superadas. Iniciei com poucos recursos, mas com vontade e coragem. Assim, transformei minha realidade e a vida da minha família. Através do meu método, ensino profissionais e empreendedores a terem uma vida e uma carreira sustentável, negócios saudáveis e com resultados.

anabeltrao.iab

+55 (95) 99130-6430

anabeltrao@hotmail.com

institutoanabeltrao.com.br

NEGOCIANDO
COM O SUCESSO

3

GESTÃO DO TEMPO PARA UMA VIDA E CARREIRA SUSTENTÁVEIS

Por Ana Beltrão

Em meados de 2012, eu atuava como gerente comercial em uma grande empresa de âmbito nacional e minha área era o Distrito Federal. Responsável pelo atendimento de uma média de seiscentos consultores, eu viajava semanalmente para as cidades satélites promovendo reuniões de negócios, treinamento de vendas, captação de novos profissionais e fazia os atendimentos diários por telefone. Apesar do escritório ser em casa, eu vivia uma loucura, pois havia as viagens para as reuniões regionais e treinamentos da empresa.

Conciliar essa jornada com meu filho, ainda pequeno, e com meu marido, sempre ausente devido suas viagens de trabalho, era um grande desafio. Muito mais que atender às demandas da casa e da família, tinha a importância da qualidade de vida, de tempo de qualidade para meu filho e cuidados com a saúde e o bem-estar. Estava muito difícil conciliar tudo e terminar o dia com o sentimento de satisfação. Ao contrário disso, eu estava exausta, sempre correndo, acelerada, dormia pouco e sem tempo para nada.

A gota d'água foi quando meu telefone tocou e vi meu filho correr, pegar o telefone e esconder atrás das almofadas do sofá. Assistir aquilo, além de acender o sinal de alerta que tinha algo errado, foi como um soco no estômago. Meu filho, com aquela atitude, me contou que ele sentia minha falta.

Essa situação me fez parar, confrontar minha realidade e não poder mais evitar a necessidade de repensar tudo o que estava vivendo e, mais do que isso, a forma como estava fazendo. Eu me perguntava como resolveria, porque amava o meu filho, mas também amava o meu trabalho, a minha carreira.

Com medo do desconhecido, de tomar decisões e fazer mudanças necessárias, eu pensava em como ser a mãe que sempre desejei ser, a esposa, ter tempo para mim e como conciliar tudo com meu trabalho. Tinha umas férias pendentes, tirei e esse foi o período que usei para descobrir como faria isso e sem renunciar ao que eu amava.

Muitas pesquisas depois, entendi que não ia adiantar desejar que o dia tivesse 30 horas, porque isso não ia acontecer e existiam tantas pessoas de sucesso que afirmavam que equilibrar a vida pessoal e profissional era possível, que as mesmas 24 horas que elas tinham eu também tinha. E o que elas faziam que eu não fazia? Gestão do tempo.

Sim, aprender a fazer gestão do tempo de forma eficiente tanto das atividades pessoais, da família e do trabalho, é fundamental e, no meu caso, ainda mais necessário, pois o trabalho *home office* se confunde facilmente com as tarefas domésticas e rotinas, além de facilitar demais a procrastinação. Isso também vale para os profissionais que atuam em escritórios nas empresas.

Em matérias do Globo Ciência e outras fontes, é citada pesquisa da International Management Association Brasil (ISMA-BR), que atua na prevenção e no estudo do estresse, em dados ainda vigentes, em torno de 60% dos brasileiros sofrem com a falta de tempo e tarefas demais para serem feitas no dia a dia, e uma média de 30% dos profissionais recebem algum diagnóstico de esgotamento físico e mental, sendo um sinal de alerta para quem está sofrendo com dificuldades de gerir o próprio tempo. Sem contar os inúmeros problemas que refletem na sua vida pessoal, como baixa autoestima, problemas de relacionamentos conjugais, com filhos, familiares e amigos, entre muitos outros.

É necessário entender que, quando se aprende a gerir o tempo, significa que aprendeu a definir prioridades, com isso você ganha tempo. E ganhar tempo é ganhar dinheiro, é trabalhar melhor, viver melhor. Existe um engano ainda propagado na sociedade de que ser produtivo é fazer muita coisa ao mesmo tempo. E não é. Vamos entender: gerir o tempo é definir prioridades, ser produtivo é ser acabativo, ou seja, tenho uma atividade para desempenhar que é uma prioridade, realizo e concluo. E assim sigo para a próxima. Dessa forma, tenho resultados. Isso é ser produtivo. Então, quando se fala em gestão do tempo e produtividade, nada mais é que definir o que é primordial para ser feito, realizar cada demanda no tempo certo e ter resultados a partir disso.

Com esse aprendizado, mudei completamente minha forma de ver a vida, agir e atuar profissionalmente. Aprendi a definir prioridades, a saber a hora de encerrar o expediente, de não levar trabalho para casa, não levar minha casa para meu trabalho, a dizer "não" sem me sentir culpada. E o principal: aprendi que primeiro minha vida particular precisava ir bem para que assim eu pudesse crescer na minha carreira e não o inverso.

Dessa forma, trago aqui o passo a passo do que realizei para ter o tempo como meu maior aliado e sair daquela insânia em que me encontrava.

- **Desenvolva autoconhecimento:** entenda o que é importante, suas necessidades, interesses, características, quais são seus limites, seus objetivos pessoais e profissionais.
- **Defina prioridades:** liste todas as demandas que você tem em casa e no trabalho. Agora é hora de tomar consciência de como está usando o seu tempo. Depois, analise o que realmente deve seguir fazendo (importante), o que já está atrasado (urgente), o que pode ficar para depois (não importante) e o que não é necessário mais fazer.
- **Aprenda a planejar:** use o planejamento como ferramenta. Tenha uma agenda ou um *planner*, monte cronogramas diários, semanais e mensais. Coloque horário para cada coisa a realizar. Para atividades profissionais, coloque prazos (hora inicial e final) e programe pausas. Não coloque atividades demais para um mesmo dia. Administre seu tempo pensando no dia, na semana e no mês.
- **Insira hábitos importantes:** pelo menos 20 minutos diários de atividade física, meditação e oração. Beba mais água, cuide da sua alimentação, reserve tempo para praticar *hobbies*, lazer e passeios ao ar livre. Seja apenas você, com sua família ou amigos. Procure ter uma rotina de sono e busque dormir entre 7 ou 8 horas por noite.
- **Aprenda a não procrastinar:** além de não saber quais suas prioridades, muitas pessoas procrastinam deixando tudo para depois e fazem em cima da hora, comprometendo sua saúde mental e resultados. Então, é hora de enfrentar

o problema que é uma erva daninha na vida e no trabalho. Esteja atento aos gatilhos que distraem você e lhe tiram da rotina. Cuidado com redes sociais, telefones, e-mails, cafezinhos, maratonas de séries, entre outros excessos que podem atrapalhar sua gestão do tempo.

Gerir o tempo é primordial para você decidir a vida que quer viver e fazer a sua carreira caber nela. Conquiste uma vida e uma carreira sustentáveis! Essa frase define muito o que aconteceu depois do meu retorno ao trabalho quando as férias acabaram. A verdade é que minha mentalidade e minha visão mudaram abruptamente.

Se o tempo gasto hoje com o trabalho sacrifica sua saúde, sua família, suas relações, valores e essência, você está usando o seu tempo errado. O tempo é algo que não volta mais. Não se recupera o tempo perdido, mas podemos aprender a usá-lo melhor.

Em 2004, Christian Barbosa, um dos maiores especialistas em produtividade no Brasil, lançou a primeira edição do livro *A tríade do tempo* (2012), em que ele divide as atividades em **importantes**, **urgentes** e **circunstanciais**, chama a atenção sobre as várias maneiras equivocadas que as pessoas usam o seu tempo e perdem a qualidade de vida e a produtividade no trabalho. Para chegar às conclusões abordadas no livro, ele pesquisou mais de 42 mil pessoas em vários países e afirma que, quanto melhor for o gerenciamento do seu tempo, maior é a sua capacidade de ter sucesso na vida e no trabalho, reforçando ainda mais o que trago para você na leitura deste capítulo.

Cada vez mais, o sinônimo de sucesso está atrelado ao quanto de equilíbrio as pessoas são capazes de ter entre sua vida pessoal e sua vida profissional. Não faz mais o menor sentido ser um *workaholic* visando apenas a resultados profissionais se o tempo com sua família, amigos e dedicado ao seu bem-estar, saúde física e emocional é sacrificado. Um dia a conta vai chegar e talvez não haja mais tempo para virar o jogo.

Nesse momento, estar naquela empresa e naquele trabalho perdeu o sentido para mim e já não havia mais congruência entre os seus valores e os meus. Organizei minha saída e fui buscar uma vida e uma carreira sustentável, a qual vivo nos dias de hoje e levo esse conceito para meus clientes e mentoreados. E esse conceito está fortemente atrelado a gestão do tempo feita de forma eficiente.

Nada será perfeito e exatamente igual ao planejado, pois dentro do equilíbrio vai existir muito desequilíbrio – afinal, viver é um eterno jogo de cintura –, mas com a falta de planejamento, organização e prioridades definidas ficará muito mais difícil e cansativo e o tempo não vai passar de acordo com a realidade, vai voar e não vai voltar.

Mas você pode conquistar uma vida e uma carreira sustentáveis que estão pautadas na busca por bem-estar e saúde, relações pessoais positivas, tempo de qualidade para sua família, preservando seus objetivos pessoais e autodesenvolvimento, sem renunciar ao seu trabalho, a sua produtividade e o sucesso na carreira.

Nos meus círculos pessoais e de trabalho, frequentemente me perguntam como eu consigo não perder os eventos das escolas dos meus filhos, viajar algumas vezes no ano, ter tempo para mim, para minha família e, ainda assim, cumprir meus objetivos de carreira. Assim, criei o meu método de mentoria para ajudar pessoas a desenvolverem seu propósito de vida e carreira sustentáveis.

E quero ajudar você que está cansado, exausto, sempre correndo, sem tempo para nada, que não vive uma vida plena e profissionalmente está estagnado ou, para não estagnar, está sacrificando todo o resto. Não é tão difícil quanto possa parecer, precisa apenas de coragem para focar as prioridades corretas. Se eu consegui, você também consegue. E eu estou aqui para ajudá-lo nessa mudança de vida!

Referências bibliográficas

BARBOSA, C. *A tríade do tempo*. Rio de Janeiro: Sextante, 2012.

CORTELLA, M. S.; MNADELLI, P. *Vida e carreira*: um equilíbrio possível? Campinas: Papiros 7 Mares, 2011.

FALTA de tempo é o principal causador de estresse entre os brasileiros, *Globo Ciência*. Atualizado em 22 de dezembro de 2012. Disponível em: https://redeglobo.globo.com/globociencia/noticia/2012/07/falta-de-tempo-e-o-principal-causador-de-estresse-entre-os-brasileiros.html. Acesso em: 12 dez. 2024.

KSHIRSAGAR, S. *Mude seus horários, mude sua vida*. Rio de Janeiro: Sextante, 2020.

THEML, G. *Produtividade para quem quer tempo*. São Paulo: Gente, 2016.

> “Gerir o tempo é primordial para você decidir a vida que quer viver e fazer a carreira caber nela. Conquiste uma vida e uma carreira sustentáveis!”

Ana Beltrão

Beatriz Candido

Olá! Sou Beatriz Candido, cristã, bancária, profissional do mercado financeiro, especialista em negócios e planejadora especializada em ajudar pessoas a saírem das dívidas e melhorarem sua relação com o dinheiro.

Com nove anos de experiência, formação em Administração e pós-graduação em Finanças, Investimentos e Banking, dedico minha carreira a oferecer orientações práticas e personalizadas, sempre com o objetivo de promover a saúde financeira. Além disso, realizo palestras nas igrejas, escolas e empresas, em que compartilho conhecimento para inspirar mudanças positivas na vida financeira de pessoas físicas e jurídicas ao redor do mundo.

Sou idealizadora de projetos sociais e apaixonada por contribuir e ajudar a transformar vidas. Siga minha página e fique por dentro dos conteúdos.

beatrizcandido_oficial

NEGOCIANDO
COM O SUCESSO

4

COMO TRANSFORMAR OBSTÁCULOS EM OPORTUNIDADES

Por Beatriz Candido

Os obstáculos que aparecem em nosso caminho são, muitas vezes, oportunidades disfarçadas de agrura e enfrentá-los exige um ato de coragem, fé, perseverança, autoconhecimento e resiliência. Pasme, mas é no confronto desses desafios que amadurecemos, crescemos e nos descobrimos pessoas mais sábias, fortes, determinadas, criativas, resistentes e corajosos. É quando, de fato, nos confrontamos e identificamos nosso verdadeiro potencial. Pois as barreiras vencidas nos ensinam que essas adversidades foram apenas degraus de escala para o sucesso. E é nesse momento que nossas fraquezas se convertem em forças e nossas dúvidas se transformam em certezas, revelando que o sucesso surge da habilidade de transformar o impossível em possível, o intangível em real e o difícil em um desafio que, realmente, se torna uma conquista.

De aprendiz a gerente de banco

Eu me lembro de quando era mais jovem, de um episódio que ocorreu na adolescência, quando comecei a procurar emprego para ajudar nas despesas de casa. Prestes a sair do Ensino Médio, na ânsia de poder trabalhar, estudar e contribuir com as despesas mensais, comecei a disparar diversos currículos nos bairros e regiões mais próximas da minha residência. Eu saía de porta em porta entregando meu currículo com uma pastinha debaixo do braço, pedindo indicações de pessoas e lugares que estariam contratando e oferendo minha mão de obra para fazer bicos, ao menos para pegar experiência até encontrar algo efetivo. E me deparei com o meu primeiro de muitos obstáculos, mas eu sempre soube aonde gostaria de ir e aonde eu queria chegar.

Até que um dia, surgiu uma oportunidade em uma lavanderia dentro de um hotel renomado em São Paulo, mas a empresa acabou falindo e trabalhei dois meses sem receber. O salário seria de R$ 1.800,00, eu entrava às 5h da manhã e saia às 16h, de segunda à sábado. Um salário nesse valor ia contribuir muito com as despesas. Minha função era recolher roupas sujas, olhar se essas roupas precisavam de reparos, informar isso no envio dos uniformes para lavar, recolher os uniformes novos e guardá-los na rouparia, fazer a limpeza do local etc.

Apesar dos pesares, eu havia agradecido a Deus imensamente pelo prestígio e pela oportunidade, porque foi um aprendizado. Fiquei durante algumas semanas pagando para trabalhar com os trocadinhos dos meus pais e com a ajuda do meu avô, porque a empresa não havia pagado o vale-transporte que pagavam semanalmente. Eu continuei, porque tinha a esperança de receber.

Na minha última semana na empresa, desenvolvi uma blefarite, que nada mais é do que uma inflamação na pálpebra, que evoluiu para um calázio, um nódulo causado pela obstrução de glândulas lacrimais, evoluindo o quadro para uma cirurgia. Eu não tinha convênio médico e, por conta disso, não tinha dinheiro para o tratamento. Precisei entrar na fila do hospital público para poder marcar essa cirurgia, a previsão era para operar no ano seguinte. Eu sempre orei a Deus pedindo para ele fazer o melhor por mim, e é engraçado que a gente sempre esquece do que a gente pede. Imagine minha situação, trabalhando e não recebendo o salário, olho inchado e ainda por cima sem o salário tão almejado para contribuir nas despesas de casa.

Mas nada como um dia pós o outro. Acordei no dia seguinte extremamente determinada, mandando currículos, fazendo cursos e orando muito a Deus, eu só pedia para Jesus me curar. Coloquei nas mãos de Deus, mas continuei fazendo minha parte. Nesse período, tive o apoio incondicional da minha família e eles foram e continuam sendo a base mais importante da minha vida. Reflita: quem é seu 190 se o mundo acabar? Com quem você pode contar? Isso diz muito sobre você e os relacionamentos que você nutre.

Começa a trajetória de sucesso

Deus me abençoou e, dentro de três meses, fiz a cirurgia do calázio. Em 2017, no mesmo ano, entrei no banco como jovem aprendiz e, seis meses depois, fui promovida para estagiária; com um ano e sete meses fui promovida para assistente de empresas. Em três meses, meu gerente geral me chamou e disse que eu tinha que ser gerente, porque eu tinha excelentes resultados comerciais. Meus superiores quebraram minha governança e me tornei gerente de negócios, atendendo carteira compartilhada de vários gerentes. Fiquei um ano no cargo e ganhei nesse período inúmeros reconhecimentos, dentre eles um prêmio nacional, no qual fiquei em segundo como a melhor gerente do Brasil, em uma cerimônia que ocorreu... Adivinha onde? No hotel em que eu trabalhei na lavanderia.

Em 2021, fui promovida a gerente de empresas e nesse cargo ganhei minha própria carteira de clientes, também ganhando vários reconhecimentos e destaques por resultados acima da média. Participei de um evento televisionado para mais de 55 mil colaboradores no Brasil inteiro, na rede interna, com a vice-presidente do banco para falar sobre assuntos sobre pessoa jurídica. Após dois anos e oito meses no cargo, fui promovida em dezembro de 2023 para gerente de empresas nível II, no qual estou atualmente. Entenda de uma vez por todas que no que é seu ninguém toca. Porque a porta que Deus abre ninguém fecha.

Nessa trajetória, eu consegui realizar alguns sonhos, como andar de avião pela primeira vez aos 25 anos, fazer um curso de inglês na Europa em uma escola renomada e com uma extensão curricular em *business management*. Hoje, sou pós-graduada em Finanças, Investimentos e Banking pela PUC, tenho duas certificações financeiras pela Anbima, faço palestras em igrejas, escolas, empresas e eventos corporativos sobre diversos assuntos do mercado financeiro, inclusive para o Sebrae-SP.

A necessidade se tornou oportunidade

Além de trabalhar em instituição financeira, eu me tornei uma profissional dedicada, com a missão de ajudar pessoas a realizarem seus sonhos e superarem as dívidas. Presto consultoria financeira para pessoas físicas e pessoas jurídicas e contribuo com a educação de forma gratuita nas redes sociais. Trabalhando no banco, eu descobri o meu propósito. Se existe um problema, eu trago a solução – como diz uma amiga, "Nesta vida só não tem jeito para a morte".

Plantar a semente é uma escolha, mas a colheita é inevitável

A minha jornada foi longa e desafiadora e continuará sendo, assim como a sua, e está tudo bem, porque faz parte da vida, mas as oportunidades que cultivei floresceram. Acredite nos seus sonhos e nunca desista, porque nem tudo são flores, haverá momentos de confrontos e desconforto consigo mesmo e que poderão levá-lo a querer desistir, mas não desista, seja persistente. Cada vez que você se levanta, você se fortalece. **Superar obstáculos não é sobre vencer o mundo, mas vencer a si mesmo, vencer a sua preguiça, a zona de conforto, o comodismo, os medos e as inseguranças.** Quebre as barreiras que limitam você e descubra o que lhe impulsiona. Saia da média e seja diferente, pois atitudes diferentes geram resultados diferentes. Não se deixe abater, os obstáculos existem para serem superados. Não tenha medo de arriscar. Vai lá e faz, querido, você é capaz!

Superar os desafios requer habilidades e mentalidades estratégicas e de perseverança. A seguir, estão cinco dicas práticas para ajudá-los nesse processo.

1. **Autoconhecimento e inteligência emocional.** Você realmente se conhece? Enxergar e entender o que você sente, como sente, gostos, hábitos, limites e costumes tornam o processo mais leve e não radical e árduo. Você realmente sabe aonde quer chegar e aonde está indo? A superação de cada obstáculo deve fortalecer suas habilidades e aumentar sua capacidade de enfrentar futuras dificuldades com mais confiança. Desenvolva a inteligência emocional para lidar com as adversidades. Se eu posso dar um conselho, faça PNL (programação neurolinguística).

2. **Aprendiz contínuo.** Não seja o tipo de pessoa que "sabe tudo". Esteja sempre estudando, se aperfeiçoando, criando e se desenvolvendo. Encare os fracassos como oportunidades de aprendizado e em vez de temer os erros aceite-os como

uma parte natural do processo. Cada fracasso traz lições valiosas, aprenda com eles.

3. **Visualize o sucesso.** Imagine-se tirando do papel aquele sonho de projeto tão almejado. Quando você se visualiza, você cria um senso de urgência e propósito. E, quando realizar, recompense os progressos, celebre as pequenas conquistas. Isso vai lhe manter motivado.

4. **Seja adaptável e flexível.** Se precisar mudar, mude. Seja adaptável e flexível, não seja engessado e não tenha medo. Coragem!

5. **Seja seletivo.** Parece clichê, mas não é. Já ouviu o ditado "Diga-me com quem tu andas e eu direi quem tu és"? É verdade. Cuidado com quem você compartilha sua vida, seus projetos e seus sonhos. Muito cuidado com quem você anda, nem todos caminham na mesma direção que você e as influências podem lhe minar e desviar do propósito. Cerque-se de pessoas que lhe inspiram; ser seletivo é primordial para preservar nossa energia e nosso foco. Reflita com quem você tem convivido. Eu lhe convido hoje a se despedir de pessoas que não somam e só sugam; quando você não seleciona, Deus seleciona. Não permita que o comportamento do outro faça você questionar o seu valor. Tenha aliança com quem lhe protege, ajuda você e lhe instiga a ser melhor. Ninguém faz nada sozinho, então selecione bem. Não negocie o seu sucesso.

Chegamos ao fim deste capítulo e fico imensamente grata por você ter me acompanhado até aqui. Espero que essas reflexões e experiências possam ter inspirado, motivado e fortalecido sua jornada, oferecendo ferramentas para superar obstáculos e alcançar suas metas. Lembre-se: o caminho do sucesso é pavimentado por desafios, mas cada passo e cada aprendizado nos tornam mais fortes e preparados. Se quiser compartilhar sua história, trocar ideias ou conhecer mais sobre meus projetos, me encontre no Instagram. Ficarei feliz em ouvir você. Vamos juntos continuar a plantar sementes para colheitas grandiosas.

“O sucesso nasce da capacidade de transformar o impossível em possível e o intangível em realidade. Nunca negocie o seu sucesso!”

Beatriz Candido

Bruna Santos

Sou Bruna Santos, tenho mais de dez anos de experiência na área administrativa e especialização em Economia e Finanças. Fundadora da Betha Engenharia e da Gerencie, consultoria focada em estruturar processos e impulsionar resultados de empresas.

Valorizo a organização e a clareza nos processos, com foco em produtividade e eficiência. Como consultora e mentora, ajudo empresas a otimizarem fluxos e aumentarem a lucratividade. Também crio conteúdos sobre gerenciamento de tempo, liderança e desenvolvimento de pessoas, motivando as empresas a melhorarem continuamente.

Minha trajetória é movida pela busca constante por qualidade e inovação, acreditando que pequenas mudanças geram grandes resultados.

brunagerencie

betha_engenharia

+55 (13) 97415-7512

bruna.santos@bethaengenharia.com

5

COMO SUPEREI A CRISE E REESCREVI A MINHA HISTÓRIA

Por Bruna Santos

O ano era 2022 e eu quase havia levado minha empresa à falência. Aquele foi um período de desafios imensos, uma época em que o peso das adversidades ameaçou enterrar todo o esforço e a dedicação. Foram noites e mais noites sem dormir para conseguir alcançar clientes, organizar o nosso negócio, cuidar de todas as demandas possíveis e, de repente, tudo parecia perdido. Foi então que descobri o verdadeiro significado de determinação e como essa qualidade pode ser decisiva na superação de crises.

"Determinação" pode ser definida como a qualidade de quem é firme, decidido e persistente. Em outras palavras, é a capacidade de tomar decisões e segui-las com clareza e firmeza. Contudo, essa definição se tornou rasa demais diante do que vivi. Determinação não é apenas tomar decisões e seguir adiante, é se reinventar constantemente, mesmo quando tudo parece perdido. É enfrentar a insegurança que paralisa e desafiar os monstros internos que alimentam o medo do fracasso.

O oposto da determinação é a dúvida, a insegurança, que nos paralisa e impede que alcancemos nossos objetivos. Mas até onde a determinação pode realmente nos levar?

O fracasso bateu à porta, mas eu não atendi

Logo após o auge da pandemia, um cenário cheio de incertezas, minha empresa sofreu um golpe financeiro de seis dígitos, o ocorrido me deixou devastada. Um pouco antes de perdermos esse dinheiro, perdemos um cliente importante devido a um erro que, ironicamente, nem sequer foi cometido por nós. Um prejuízo de seis dígitos, somado à perda de um cliente, deixou um vazio que ameaçava consumir tudo o que eu havia construído. Foram tantos obstáculos consecutivos que parecia ser um alerta gritante para que eu desistisse. Eu tinha funcionários, salários, custos administrativos, pessoas que dependiam de mim. O que você faria se passasse por uma situação dessas?

Naquele momento, eu me senti completamente paralisada. Todas as hipóteses passavam pela minha cabeça, inclusive a ideia de desistir. Muitos ao meu redor me aconselharam a fechar as portas. A frase que mais ouvi foi: "Desistir não é fracassar". As pessoas não são muito encorajadoras, não é mesmo? Parecia que cada conselho que eu recebia vinha com um toque de pessimismo. Era como se desistir fosse a única solução lógica, o caminho seguro.

Momentos como esse geram uma insegurança paralisante. As dúvidas se transformam em monstros em nossa mente, minando a confiança e nos deixando desanimados. Nesse turbilhão de emoções, descobri quem estava ao meu lado e quem acreditava verdadeiramente em mim e nos meus sonhos. Entendi também que é fácil ter fé nos sonhos quando tudo está indo bem, mas o verdadeiro teste vem nas horas difíceis, que acontece quando o caminho fica escuro e tortuoso e cada passo exige mais esforço e coragem do que o anterior. É aí que a determinação se manifesta como um fogo interno que se recusa a apagar.

O poder da dúvida

Em um dia, navegando pelas redes sociais, assisti a um vídeo de Elon Musk, no qual ele dizia que "empreender é como mastigar vidro olhando para o abismo". Ali percebi que o que estava enfrentando era apenas o começo da minha jornada. A partir daí, comecei a enxergar a relação profunda entre determinação, propósito e sucesso.

Quando enfrentamos desafios, nossa primeira reação é pensar que são sinais do universo para desistir, que os obstáculos existem para evitar o fracasso. A maioria das pessoas a nossa volta também reforça essa ideia, sugerindo que estamos agarrados a um sonho que devemos deixar para trás. Mas eu aprendi que o medo é o verdadeiro inimigo do sucesso. Ele cria barreiras invisíveis que nos impedem de alcançar nosso potencial máximo e realizar nossos sonhos. Quando deixamos de lado as inseguranças, descobrimos uma força interior que, até então, estava adormecida.

O impacto da determinação nas relações pessoais

Durante esse período desafiador, percebi que minha determinação não impactava apenas meus negócios, ela também moldava as minhas relações pessoais. Nos momentos de maior dificuldade, nossa resiliência é testada, e quem está ao nosso lado muitas vezes reflete esse estado de espírito. Em meio a tantas incertezas, precisei ser uma fonte de inspiração não apenas para minha equipe, mas também para pessoas próximas. Eles viam em mim alguém que não se deixava abater, que seguia adiante mesmo com os desafios se acumulando a cada dia.

Mas houve momentos em que a determinação foi mal interpretada. Alguns achavam que minha insistência era sinal de teimosia ou orgulho, mas, para mim, era um compromisso com meu propósito. Essa experiência me ensinou a importância de comunicar com clareza, de compartilhar meus objetivos e de explicar o porquê por trás de cada decisão. Foi um exercício de empatia, pois nem sempre é fácil para quem está de fora compreender a profundidade dos desafios que enfrentamos.

A importância de ter um propósito

Sempre que o desânimo ameaçava me dominar, eu voltava à origem de tudo: o propósito. O que me motivou a colocar todas as minhas expectativas, os meus sonhos e o meu suor para que a empresa acontecesse? Ter clareza de propósito é percorrer boa parte do caminho. É como diz o ditado: "Só suporta a obra quem consegue visualizar a casa pronta". O sucesso está mais na jornada do que no destino. Sucesso é conseguir ver o futuro e ser feliz com o processo e muito de nós agarramos a ideia de que só seremos felizes quando alcançarmos o objetivo e esquecem que a jornada é a parte principal que determina como chegaremos lá.

Mentalidade de crescimento: uma chave para superar desafios

A psicóloga Carol Dweck (2017), em seu livro *Mindset: a nova Psicologia do sucesso*, explica o conceito de mentalidade de crescimento. Ela descreve como essa mentalidade nos ajuda a ver desafios como oportunidades de aprendizado. Pessoas com mentalidade de crescimento não se limitam; em vez disso, buscam aprender e crescer a cada nova situação.

Desenvolver uma mentalidade de crescimento significa ver habilidades e competências como algo que pode ser desenvolvido com esforço e aprendizado contínuos. Encaramos os desafios como oportunidades de evolução e os fracassos se tornam parte natural do processo. A partir desse entendimento, passei a ver os obstáculos como degraus em direção ao meu desenvolvimento e à realização dos meus objetivos. Sempre lembrando que pequenos fracassos fazem parte, mas o foco para conseguir o que realmente se quer é essencial para atingir o alvo.

Transformando determinação em sucesso

Para transformar a determinação em resultados concretos, é essencial ter metas bem definidas. A determinação não é apenas força de vontade, é o combustível que nos permite superar obstáculos e conquistar metas que parecem impossíveis. Estruturei meus objetivos e isso me deu a clareza e o direcionamento de que eu precisava para seguir em frente.

Visualizar cada etapa do processo e celebrar pequenas conquistas fortalece a determinação. Por mais difíceis que fossem as circunstâncias, cada pequeno passo me aproximava dos meus sonhos e me mantinha motivada a continuar.

Cultivar a gratidão foi uma ferramenta valiosa nesse processo. Mesmo nas situações mais adversas, aprendi a agradecer. A gratidão é poderosa; ela mantém o foco no positivo e nos lembra das conquistas, mesmo quando tudo parece estar desmoronando.

Fracassar não é errar, mas desistir de tentar ser melhor. A determinação exige que nos tornemos resilientes, que aceitemos os erros como parte do crescimento. Refleti muito sobre cada falha e cada acerto, pois aprender com cada experiência é essencial para construir uma base sólida de autoconfiança e conhecimento.

No meio de tudo isso, compreendi que eu era a primeira pessoa que precisava acreditar no meu sucesso. Se eu mesma não acreditasse, como poderia esperar que os outros acreditassem? Como poderia inspirá-los? Quem poderia acreditar nos meus sonhos, além de mim mesma? Essa autoconfiança se tornou o alicerce que sustentou minha determinação.

Não aceitei viver uma vida medíocre. Todos nós temos um propósito, algo que nos motiva e nos impulsiona. A diferença está em romper as barreiras da dúvida e da insegurança. Poucos conseguem, mas aqueles que persistem acabam descobrindo o verdadeiro sentido da determinação e o impacto que ela pode ter em suas vidas.

Inspire-se e encontre o seu propósito

A determinação não é apenas uma habilidade, é um modo de vida. E quando encontramos nosso propósito e cultivamos a determinação necessária para perseguirmos nossos sonhos, nada pode nos deter. Os desafios se tornam oportunidades e o impossível se transforma em uma meta alcançável.

A conexão entre determinação e legado

Por fim, percebi que a determinação que aplicamos em nossa jornada tem o poder de criar um legado. Mais do que resultados financeiros, o que construí foi um exemplo para aqueles que me acompanham, que olham para a minha trajetória e percebem que é possível superar as piores dificuldades. Esse legado é uma fonte de inspiração que continua viva, mesmo quando a tempestade passa. É saber que, de alguma forma, nossa história encoraja outras pessoas a se levantarem e lutarem pelos próprios sonhos.

A determinação não é algo que simplesmente nasce conosco, é uma escolha diária, um ato de coragem. Quando decidimos perseverar, estamos construindo não apenas o nosso futuro, mas também uma fonte de inspiração para todos ao nosso redor.

Este caminho me ensinou que a determinação é a chave para transformar adversidades em vitórias, insegurança em confiança e sonhos em realidade. Não importa o quão difícil seja o momento, sempre há uma saída, desde que não desistamos.

A determinação é o que define o sucesso. Ela é a chama que nos impulsiona e nos ajuda a ultrapassar os próprios limites. Nunca subestime o poder da determinação. Ela pode transformar o impossível em realidade e levar você a lugares que nunca imaginou.

Referências bibliográficas

DWEC, C. *Mindset*: a nova Psicologia do sucesso. Rio de Janeiro: Objetiva, 2017.

ELON Musk revela a dura verdade: criar uma empresa é como "comer vidro". YouTube. Disponível em: https://www.youtube.com/shorts/k7u0JaLik8M. Acesso em: 10 dez. 2024.

> “Quem eu seria se não tivesse acreditado no poder dos meus sonhos?”
>
> *Bruna Santos*

Camila Chaves Wondracek

Sou a Camila, natural do estado no Paraná. Resido no Mato Grosso há mais de dezoito anos. Casada com o Marlon e filha da dona Maria e do seu Mario.

Especialista em Recursos Humanos e Cultura Organizacional, com mais de dezesseis anos de experiência dedicados a compreender e transformar as dinâmicas de gestão de pessoas nas empresas. Ao longo da minha trajetória, já implantei setores de RH do zero, desenvolvi lideranças e profissionais de RH, fundei a Rhaízes Consultoria a fim de ampliar meu impacto e compartilhar meu conhecimento com um número maior de empresas e profissionais.

Acredito que a cultura organizacional é um pilar essencial para o sucesso e a longevidade de qualquer empresa.

camilaalveschaves

+55 (65) 99966-0369

Camila Alves Chaves Wondracek

camilaalvesrh

camila@rhaizesconsultoria.com.br

6

CULTURA: O FATOR INVISÍVEL DO SUCESSO EMPRESARIAL

Por Camila Chaves Wondracek

Voltamos ao ano de 1.500 d.C. com a chegada dos portugueses ao Brasil, quando Pedro Álvares Cabral "avistou as Índias" e atracou com toda a sua embarcação. Viramos colônia de Portugal e, como tal, absorvemos seus costumes, começamos a falar sua língua e nos comportamos como eles. Essa influência foi tanta que, mesmo deixando de ser colônia, continuamos com o modelo de viver dos nossos colonizadores. Você pode estar se perguntando: "O isso tem a ver com a minha empresa?". A resposta vai aparecer em sua frente, clara como o sol, ao final deste capítulo.

De 1.500 d.C. para os dias atuais, de acordo com o Mapa de Empresas do Governo Federal (2024), foram encerradas mais de 2 milhões de empresas no Brasil somente em 2023. Imagine que isso representa mais de 25 Maracanãs cheios, considerando que cada pessoa fosse um CNPJ. Agora, mesmo que tenhamos um saldo positivo de empresas abertas *versus* as empresas que fecharam, o ponto de reflexão é: por que tantas empresas fecham todos os anos? Antes que você responda, convido-lhe a pensar sobre o tempo médio de sobrevivência de uma empresa, que, segundo o IBGE, apenas 37,3% das empresas que nasceram em 2017 sobreviveram em 2022. Dessa forma, temos mais e mais CNPJs abrindo; a maioria não consegue se manter ativo por mais de cinco Natais no nosso país.

Outra questão que precisamos abordar é a crescente dificuldade com contratação e retenção de pessoas nas empresas, fazendo com que a rotatividade dispare, dando ao Brasil a liderança do *ranking* mundial, com uma taxa de 56% ao ano. Essa situação acontece por vários motivos, com destaque para falta de valorização dos funcionários, oportunidades melhores e baixa qualidade do clima organizacional.

Observando os problemas enfrentados pelas empresas, podemos enxergar um fator quase invisível que está por trás tanto das dificuldades quanto do sucesso das organizações. É algo muitas vezes subestimado e que a maioria dos proprietários não se dão conta até perderem o controle dos seus negócios. É o fator que leva apenas 30% das empresas familiares do nosso país a passarem o bastão para seus sucessores da segunda geração.

Eu estou falando dela, a cultura organizacional, que de uma forma geral é considerada como o conjunto de padrões de comportamentos que são encorajados ou permitidos ao longo do tempo. Nós, humanos, estamos sempre em busca de pertencer a um grupo e nos comportamos para nos mantermos ali. Isso é tão profundo que moldamos nosso modelo mental e inconscientemente nos comportamos de acordo com os que estão ao nosso redor. Observe quando uma pessoa da sua família resolve fazer dieta e exercícios físicos e quando a maioria da família muda o estilo de vida. Na primeira situação, é mais fácil que a pessoa desista vendo o restante dos familiares comendo pizza e tomando sorvete. Na segunda, é mais provável que se mantenham no novo hábito ou até influenciem quem não está começando uma vida mais saudável.

Dessa forma, podemos entender que cultura é o que eu costumo chamar de CIR, isto é, comportamento + influência = resultado. O CIR pode ser seu amigo ou seu inimigo, tendo em vista que comportamentos ruins influenciam as pessoas mais rapidamente do que os bem-intencionados, gerando também resultados normalmente ligados às situações citadas no início deste capítulo. Agora, se você entende o poder do CIR e usa isso a seu favor, pode manter uma empresa funcionando em alto nível com profissionais excepcionais no seu time. E já que cultura é comportamento, tenha ciência de que sua empresa é seu reflexo no espelho; cabe a você julgar se essa imagem refletida é a imagem que gostaria de ver.

Ao pensar na cultura, é preciso compreender que ela precisa nascer de um conjunto de valores e comportamentos dos proprietários, sendo esculpida com base na sua estratégia financeira e não com o que as outras empresas estão fazendo ou com o comportamento que está na moda. É a forma das empresas atacarem seus problemas. Imagine uma árvore bem alta, com um tronco forte, galhos esplendidos, folhas verdes e frutos viçosos. Por anos, essa árvore dá frutos e faz uma sombra incrível. Em um determinado dia, seus frutos começam a não vingar mais e suas folhas, que antes eram verdes e vívidas, estão ficando opacas e caindo. Daquela sombra enorme, sobram somente os galhos que estão definhando dia após dia. Você olha para ela e pensa: "Que está acontecendo? Vou regar mais, deve ser a falta de chuva". Ou ainda, "Vou aplicar um produto, pois pode ser uma praga nas folhas". Feito tudo isso, percebe que a árvore até volta a ficar verde, mas em pouco tempo já começa a perder o brilho e esse ciclo se repete, até enfim perceber que, ao cavar a terra ao redor da árvore, as raízes estão apodrecendo, causando toda essa situação.

Agora pense na sua empresa como essa árvore e como estamos acostumados a atacar a consequência – isto é, os frutos apodrecendo e as folhas caindo – em vez de olhar para a origem dos problemas – que nesse caso é a cultura organizacional. Nessa analogia, ela é a raiz, pois quando você olha uma árvore não a enxerga, mas sabe que é a responsável por mantê-la viva. Se os resultados das vendas vão mal, se as pessoas não têm responsabilidade, se os erros são frequentes e o cliente está cada vez mais insatisfeito, essas são só as folhas caindo, mostrando sinais do que está errado. São consequências sendo tratadas como problemas.

Para começar a tratar suas raízes, em vez de olhar só para o topo da árvore, convido-lhe a voltar novamente ao ano de 1.500 d.C., com os colonizadores portugueses, que ao desembarcarem na Ilha de Vera Cruz, encontraram-se pela primeira vez com o povo local, uma cultura completamente nova para eles. Da mesma forma, os nativos também experimentaram o impacto de se depararem com um grupo de pessoas e costumes nunca vistos. Se formos pensar, toda vez que entra um recém-chegado na empresa, é como se tudo fosse desconhecido e é preciso apresentar esse mundo novo com clareza para ele. Caso não saiba como fazer, eu lhe apresento a seguir o Mapa da Cultura Forte, dividido em sete passos, para que a sua empresa não seja mais um número nas estatísticas do nosso país.

- **Passo 1:** você precisa entender o que é esperado, tolerado e injustificável na sua empresa. Escreva isso em um papel, de preferência dando exemplos práticos de cada situação.
- **Passo 2:** tenha consciência de que o exemplo arrasta e sempre precisa começar com a alta liderança. Afinal, uma escada é lavada de cima para baixo. Sempre.
- **Passo 3:** deixe claro nas contratações como sua empresa funciona, qual objetivo dela e o que fazem ali. Assim, os novos

colaboradores já irão entrar sabendo o que é importante naquele ambiente e, consequentemente, o que precisa ser importante para eles também. Isso é o que chamamos de *fit* cultural.

- **Passo 4:** comunique-se incansavelmente. Cultura é repetição de comportamento. É inútil acreditar que, se for dito uma vez ou se o quadro de missão, visão e valores estiver pregado na parede, já basta para as pessoas entenderem do que precisam. O óbvio não é óbvio para todos e precisa ser repetido sempre.
- **Passo 5:** entenda que parte do sucesso da influência é falar na língua do outro, não na sua. Muitos empreendedores e líderes têm a mesma comunicação com todos por não saberem, ou por acharem que é bobagem, falar de forma diferente de acordo com o perfil do ouvinte. Estamos vivendo um momento no mercado de trabalho com quatro gerações convivendo no mesmo ambiente, da geração dos *baby boomers* à Z, trazendo uma diversidade geracional carregada de desafios para gestão das empresas, em que muitas vezes os colaboradores recebem informações da mesma forma, causando frustrações, conflitos e problemas de adaptação. Saber comunicar a cultura, mas de uma forma que cada um entenda, é o diferencial de comunicação das empresas.
- **Passo 6:** é preciso tomar decisões difíceis. Nesse ponto, você já estabeleceu o que não é tolerado dentro da sua empresa e agir com foco nisso pode significar o desligamento de pessoas que não estão alinhadas nesse objetivo em comum. É valido lembrar que, quando a empresa não age de acordo com o que ela mesma está comunicando, ela também passa uma mensagem interna, que normalmente as pessoas recebem como: "Aqui é sempre assim, não muda", ou ainda "Fulano é o protegido, pode fazer o que quiser".
- **Passo 7:** eu me atrevo a dizer que é o ponto mais importante de ser trabalhado, quando o assunto é cultura. Esclareça a todo momento com a liderança qual o verdadeiro significado daquele comportamento esperado. Por exemplo, em uma empresa onde comprometimento é um comportamento esperado, cada um pode ter sua visão do que é ser comprometido. E quando essa divisão ocorre nas lideranças, vemos profissionais frustrados por acreditarem ser comprometidos e não terem a devida atenção. Ou ainda, verem aqueles que não possuem tal compromisso com a empresa serem

promovidos. A mensagem da liderança precisa ser a mesma, sempre. Se um líder insistir em outro caminho, volte ao passo seis.

São sete passos desafiadores que garantem o sucesso da sua gestão de pessoas, fortalecem a marca da sua empresa e contribuem para a eficiência dos seus resultados. Como qualquer mudança de comportamento, tenha ciência de que transformar ou implantar uma cultura forte leva tempo e resiliência. É preciso repetir dia após dia o que é valorizado dentro da empresa. Cultura é o "como" do seu planejamento estratégico.

Poderia citar aqui vários exemplos de empresas que mantêm a sua marca forte no decorrer dos anos e que possuem como característica similar sua clareza cultural. Não importa se a empresa possui um ou mil colaboradores, o que vale na verdade é a força do seu nome, é o que outras pessoas dizem sobre ela, é o que faz as pessoas se orgulharem de estarem naquele lugar. Esse é o poder da influência de comportamento, assim como a história com mais de quinhentos anos em que relembramos a chegada dos portugueses no Brasil. A sua empresa pode sobreviver aos anos e às mudanças de gestão, se souber fortalecer a sua cultura organizacional.

Referências bibliográficas

MAPA de empresas – Boletim do 3º quadrimestre/2023. *Gov.br*, publicado em 26 de janeiro de 2024. Disponível em: https://www.gov.br/empresas-e-negocios/pt-br/mapa-de-empresas/boletins/mapa-de-empresas-boletim-3o-quadrimestre-2023.pdf. Acesso em: 10 dez. 2024.

INSTITUTO BRASILEIRO DE GEOGRAFIA E ESTATÍSTICA (IBGE). *Demografia das empresas e estatísticas de empreendedorismo – 2022*. Disponível em: https://biblioteca.ibge.gov.br/visualizacao/livros/liv102143.pdf. Acesso em: 10 dez. 2024.

TAYLOR, C. *Walking The Talk*: a cultura através do exemplo. 3. ed. São Paulo: Labrador, 2022.

SCHEIN, E. H. *Cultura organizacional e liderança*. 5. ed. São Paulo: Atlas, 2022.

> “Sua equipe é seu reflexo no espelho. Cabe a você julgar se a imagem refletida é a que gostaria de ver.”

Camila Chaves Wondracek

Candice Marques

Sou a Candice, uma curitibana apaixonada por conectar ideias e pessoas. Acredito que "Eu sou porque nós somos", como diz o princípio Ubuntu. Minha trajetória é marcada pela coragem e pela determinação, sempre inspirada pela força da minha mãe.

Com mais de vinte anos de experiência em marketing e comunicação, transformo desafios em oportunidades. E, ao final de cada dia, quando olho para os meus filhos – Bruno, Gabriel e Isabella – sei que a transformação mais importante é a que eles despertam em mim. Eles me lembram, constantemente, da vontade de ser uma pessoa melhor e é para eles que dedico todas as minhas conquistas. Espero que minha jornada inspire outras pessoas a encontrarem sua voz e propósito. Conecte-se comigo:

candicemami

Candice Marques

7

A IMPORTÂNCIA DA COMUNICAÇÃO EFICAZ

Por Candice Marques

Quando olho para trás e encaro minha trajetória, vejo um caminho moldado pela curiosidade, pela coragem de tentar e pela vontade de fazer a diferença. Minha infância é a memória mais vívida que carrego comigo, um período que moldou não só a minha comunicação, mas toda a minha forma de enxergar e interagir com o mundo.

Sempre fui observadora, curiosa e inquieta. Essas características me fizeram transitar por várias áreas e, nessa jornada, a comunicação e o marketing me escolheram. Não foi uma decisão calculada, mas uma espécie de chamado. E ali encontrei meu lugar. O que me move, até hoje, é a paixão por conectar ideias e pessoas. E foi assim que a MQ Comunicação nasceu – da paixão por transformar e realizar.

Empreender, sem dúvida, foi e continua sendo o maior desafio da minha carreira. Ser empresária me trouxe a incrível oportunidade de fazer acontecer, de realizar meus sonhos e os de tantos outros profissionais e empresas. No entanto, a responsabilidade de tomar decisões, de ser a base de tudo, muitas vezes é solitária. É nesse paradoxo – a euforia da criação e o peso das escolhas – que cresci e me tornei a profissional que sou hoje.

Não posso falar da minha jornada sem mencionar o meu avô, um dos homens mais inteligentes que conheci. Ele era analfabeto, mas possuía uma sabedoria que vinha da alma. Ele me ensinou que conhecimento vai além de palavras e títulos, e é com essa humildade que tento trilhar meu caminho, sempre disposta a aprender mais, a ouvir mais e a compartilhar o que sei.

Minha visão de futuro não é mudar o mundo com utopias. Sei que minhas mãos não são grandes o suficiente para isso. Mas acredito que posso fazer a diferença nas relações próximas, sendo ética no meu trabalho e incentivando novas gerações a se desenvolverem. Meu papel é pavimentar o caminho para aqueles que virão, criar ambientes justos e sustentáveis, onde a comunicação seja a chave para um mundo mais equilibrado.

Se há algo que aprendi ao longo da minha jornada, é que a comunicação não é apenas sobre falar ou ser ouvido, mas sobre construir, conectar e transformar. É essa crença que me move e que me faz acreditar no poder das palavras, do diálogo e das relações.

A comunicação e a nossa essência

Desde o primeiro momento em que abrimos os olhos, somos imersos no universo da comunicação. Mesmo antes das palavras, comunicamos através do olhar, do choro, do riso. Na infância, essa fase tão breve e ao mesmo tempo tão fundamental, começamos a formar a base de como nos expressamos. Através das interações com nossos pais, irmãos e amigos, construímos as ferramentas que usaremos ao longo da vida para nos relacionar, resolver conflitos e compreender o mundo.

Foi nesse período, em meio às brincadeiras e descobertas, que eu comecei a entender a importância da comunicação. O modo como uma palavra, um gesto ou um silêncio pode mudar completamente o rumo de uma conversa, o tom de uma relação. A infância me ensinou que o poder da comunicação vai muito além do verbal; está nas emoções, nas intenções e, principalmente, na escuta.

Quando a comunicação se reinventa

Na adolescência, esse processo ganha novas nuances. Nessa fase, os sentimentos estão à flor da pele e aprender a expressá-los de forma eficaz pode ser desafiador. A busca por identidade e por aceitação é acompanhada por um constante teste de como nos apresentamos ao mundo. Para muitos, essa é uma fase de grandes conflitos internos e externos, em que a comunicação se torna a chave para lidar com as mudanças e pressões que surgem.

É nessa etapa que começamos a desenvolver a capacidade de argumentar, negociar e, principalmente, compreender o ponto de vista do outro. Essas habilidades são o alicerce da comunicação eficaz na vida adulta, pois aprendemos que, muitas vezes, o sucesso de uma conversa não está apenas em ser ouvido, mas em saber ouvir.

A comunicação como ferramenta de crescimento

Na fase adulta, entramos em um mundo onde a comunicação passa a ser cada vez mais estratégica. No ambiente corporativo, ela se torna essencial para nosso crescimento profissional e amadurecimento pessoal. Eu me lembro de uma situação específica, em um dos primeiros projetos da minha carreira, em que um mal-entendido quase comprometeu todo o trabalho. A solução? Uma reunião franca, por meio da qual escutamos todos os lados, alinhamos expectativas e, através do diálogo, resolvemos o conflito.

Essa experiência me ensinou que a comunicação é a ponte entre ideias, visões de mundo e, principalmente, pessoas. Não se trata apenas de falar, mas de entender o contexto, ajustar a mensagem, adaptar a linguagem e, muitas vezes, ler o que não está sendo dito. Essa habilidade é crucial para resolver problemas, mediar crises e, acima de tudo, fortalecer as relações dentro das organizações.

Ao longo dos meus vinte anos no marketing, vi o poder transformador da comunicação em ação. Ela não apenas conecta marcas e consumidores, mas também alinha equipes, fortalece culturas organizacionais e constrói lideranças. Quando uma empresa comunica seus valores e propósitos de forma clara e coerente, ela não só cria uma imagem positiva no mercado, como também engaja seus colaboradores, fomentando um ambiente onde todos trabalham em prol de um objetivo comum.

A comunicação é ferramenta de transformação

A capacidade de articular ideias de forma clara, assertiva e empática pode ser o diferencial entre resolver um conflito de forma construtiva ou intensificar uma crise. Grandes líderes sabem ouvir e se comunicar com clareza. Eles entendem que a comunicação é uma via de mão dupla e que ouvir é tão importante quanto falar. Saber quando ajustar o tom, como apresentar uma ideia de forma que ressoe com o público e, principalmente, como transmitir uma mensagem que inspire ação são habilidades que fazem a diferença.

Como a comunicação transforma desafios em oportunidades

Vamos considerar duas situações: um projeto em que a equipe está desalinhada e o ambiente está carregado de tensões.

Em um cenário, a falta de diálogo leva ao fracasso, pois os integrantes não conseguem se entender e as metas não são atingidas. No outro, a comunicação eficaz entra em ação. As pessoas conversam abertamente sobre suas dificuldades, compartilham suas visões e encontram soluções conjuntas. O resultado? O projeto não apenas se recupera, ele se fortalece.

Outro exemplo claro é a resolução de conflitos interpessoais. Quantas vezes uma simples conversa sincera pode desfazer mal-entendidos que pareciam intransponíveis? No mundo corporativo, essa habilidade de ajustar a comunicação em situações delicadas é o que diferencia profissionais que sabem lidar com crises daqueles que sucumbem a elas.

À medida que crescemos profissionalmente, nossa capacidade de nos comunicar eficazmente se torna mais crucial. Em momentos decisivos, como negociações, apresentações e liderança de equipes, a maneira com que transmitimos nossas ideias e ouvimos as dos outros pode determinar o sucesso ou o fracasso. Desenvolver uma comunicação eficaz é um processo contínuo de autoconhecimento, empatia e aprimoramento técnico.

Marshall McLuhan (1964) destacou a ideia de que "o meio é a mensagem", sugerindo que a forma com que nos comunicamos tem um impacto profundo na percepção da mensagem. O trabalho de Paul Watzlawick (1967), conhecido por sua teoria da comunicação humana, enfatiza que "não se pode não comunicar", reforçando a ideia de que a comunicação acontece constantemente, independentemente da intenção.

A Psicologia da comunicação também contribui significativamente para a nossa compreensão do tema. Daniel Goleman, em seu livro *Inteligência emocional* (1996), argumenta que a habilidade de reconhecer e compreender as emoções, tanto as nossas quanto as dos outros, é essencial para uma comunicação eficaz. Esse conceito se conecta diretamente à empatia, uma competência fundamental em qualquer interação.

Por outro lado, o modelo de comunicação de Shannon e Weaver (1949), que se concentra no processo de codificação e decodificação da mensagem, é vital para entender como as falhas de comunicação podem ocorrer. Essa estrutura clássica é frequentemente aplicada no ambiente corporativo para melhorar a eficácia da comunicação interna e externa.

Com o avanço da tecnologia, a comunicação evoluiu para incluir uma variedade de plataformas e ferramentas. O uso de redes sociais, e-mails, videoconferências e mensagens instantâneas transformou a forma como interagimos. Embora essas ferramentas ofereçam conveniência e agilidade, também apresentam desafios, como a dificuldade de interpretar o tom e as emoções em comunicações escritas. Estudos mostram que a comunicação não verbal e o contexto são essenciais para o entendimento, e a falta desses elementos nas interações digitais pode levar a mal-entendidos.

O desenvolvimento de habilidades de comunicação em plataformas virtuais, como a capacidade de se expressar claramente em um e-mail ou a habilidade de se envolver de maneira construtiva em uma reunião on-line, é essencial para o sucesso no ambiente de trabalho atual.

Em um mundo cada vez mais conectado, onde as interações são rápidas e as informações fluem sem barreiras, a capacidade de se comunicar de maneira eficaz torna-se ainda mais vital. A comunicação não é apenas sobre transmitir informações, mas sobre criar conexões significativas. É um investimento que retorna em forma de confiança, credibilidade e respeito, tornando-se uma alavanca para nosso desenvolvimento pessoal e profissional. Ao final, o que realmente importa são as relações que construímos e como nossa comunicação pode enriquecer a vida dos outros e a nossa própria jornada.

Ao longo da vida, a comunicação é o que nos conecta ao mundo e às pessoas ao nosso redor. Ela é a arte de se relacionar com a vida, uma ferramenta poderosa que nos permite enfrentar desafios, superar obstáculos e construir pontes entre diferentes perspectivas.

Referências bibliográficas

GOLEMAN, D. *Inteligência emocional*: a teoria revolucionária que redefine o que é ser inteligente. Rio de Janeiro: Objetiva, 1996.

McLUHAN, M. *Understanding Media*: The Extensions of Man. New York: McGraw-Hill, 1964.

SHANNON, C. E.; WEAVER, W. *The Mathematical Theory of Communication*. Urbana: University of Illinois Press, 1949.

WATZLAWICK, P.; BEAVIN, J. H.; JACKSON, D. D. *Pragmatics of Human Communication*: A Study of Interactional Patterns, Pathologies, and Paradoxes. New York: Norton, 1967.

“Empreender é o equilíbrio entre a euforia da criação e o peso das decisões. A comunicação, no fim, é o que nos conecta, transforma e move o mundo.”

Candice Marques

Cláudia Torres

Contadora, consultora e mentora de negócios. Formada em Ciências Contábeis pela Universidade Federal do Rio Grande do Norte. Natural de Natal/RN. Mãe de Davi e Rebecca, esposa de Wlademir, filha de Clodoaldo e Rosalba.

Como contadora há vinte anos, pude ver de perto os desafios enfrentados por diversos tipos de negócios. Identifiquei as dificuldades encontradas, erros, acertos e como poderiam melhorar. E vi que poderia agregar mais com meu conhecimento, além da contabilidade. Estudei outros mercados e comportamentos de grandes negócios. Hoje também atuo com consultorias e mentorias. Criei alguns produtos digitais voltados ao desenvolvimento estratégico. Esse sempre foi o meu propósito: direcionar negócios para que tenham resultados.

claudiatorres.cont

+55 (84) 98777-1688

torrestreinamentosempresariais@gmail.com

NEGOCIANDO
COM O SUCESSO

8 ESTRATÉGIAS DE CRESCIMENTO PARA PEQUENAS EMPRESAS

Por Cláudia Torres

Eu considero este capítulo como um guia, em que cada estratégia vai lhe levar para um próximo passo.

No Brasil, uma grande parcela de empresas encerra suas atividades nos primeiros cinco anos. Essas empresas, por não estarem preparadas o suficiente para entrarem no mercado, não conseguem suportar os desafios por muito tempo. É preciso compreender que o fato de se identificar com um ramo de atividade e empreender nele não é garantia de ter bons resultados. Mas estar preparado para isso vai diminuir muito as chances de erro. Você irá para o combate com as armas certas. E que a partir de agora é só saber o momento certo de usar cada uma delas. Percebendo a importância disso, você já consegue virar uma grande chave aí.

Conheça o seu mercado

Você precisa saber em que território está pisando, identificar o que lhe espera. Entender o seu público, estudar a concorrência, ver como esse produto é percebido pelos clientes. Analisar os preços de venda que são utilizados, não para copiar, mas para ter uma referência. Conhecer os fornecedores e ver as negociações praticadas. Quando é feita essa análise, você consegue tomar melhores decisões e saber o que vai ou não fazer.

Faça o que os outros não fazem

Quando você estuda seu mercado, consegue identificar faltas e falhas, ver o que os outros não estão fazendo. E é aí que você consegue se destacar. E eu me refiro a vários aspectos, seja na inovação com seu método único, seja na experiência que o cliente terá, e até mesmo no conteúdo diferente na rede social. Não faça o que os outros já fazem.

Agregue valor ao seu produto/serviço

Seja bem sincero: você compraria algo pelo qual não tivesse interesse? Geralmente, para comprar ou investir em algo, aquilo precisa ser importante para você. Precisa lhe deixar bonito, elevar sua autoestima, se for uma roupa, por exemplo. Trazer mais conhecimento, se for um treinamento ou livro. Deixar você mais saudável, no caso de alimentação. É preciso vender o valor. Você não vende o produto/serviço, você vende o benefício dele.

Resolva problemas

Eu acredito muito na força do ecossistema de soluções. Quanto mais problemas você resolve, mais seu cliente compra de você. Eu vou lhe dar um exemplo na minha área. Você prefere ir em uma contabilidade que lhe ofereça também consultoria financeira, registro de marca, certificado digital, sistema de nota fiscal ou prefere procurar cada um desses profissionais individualmente, em lugares distintos? Eu creio que você queira praticidade e resolver tudo em um só lugar. E caso você não tenha essa estrutura com todos esses profissionais internos, não tem problema algum; faça parcerias, tenha bons parceiros de negócios. O importante é que você traga comodidade para o seu cliente, resolvendo os problemas dele.

Venda de forma estratégica

Venda é oxigênio. Seu negócio precisa disso para sobreviver. Seja intencional. Não deixe dinheiro na mesa.

Existem diversas maneiras de ser estratégico no que se refere a vendas. Principalmente com as redes sociais, pois elas potencializam resultados. Não subestime isso.

- Venda para quem já comprou de você. Você quer apenas prospectar, mas esquece de um grande potencial, que são os clientes que você já tem. Eles já conhecem seu trabalho, confiam em você. Ofereça ofertas exclusivas. Realize pré-lançamentos voltados para esse público. Faça ele se sentir especial e importante – afinal, ele vai ter acesso primeiro do que os outros.
- Faça ofertas adicionais. Um produto leva a compra de outro. Por exemplo, se o cliente vai comprar tênis, ofereça um par de meias também.
- Aumente sua demanda. Atraia clientes por meio de conteúdos na internet. Esteja em eventos onde eles estão. Faça *networking*, você precisa ser visto.

- Os seus seguidores do Instagram são potenciais clientes. Se eles lhe seguem, é porque têm interesse no que você faz ou vende. Então, realize enquetes, caixa de perguntas, sugira interação para você conhecer melhor seu público, seja nos *stories* ou *feed*. Perceba quais são aqueles que precisam da solução que você tem e inicie uma conversa genuína no *direct* buscando ajudar por meio do seu produto.
- Crie narrativas de vendas. Você vai contar uma história que leve a sua solução de forma envolvente, despertando desejo de compra, sem precisa pedir "Por favor, compre de mim". Por exemplo: "São vinte anos trabalhando com números e eles me revelaram algo muito importante, que você só não lucra o suficiente por dois motivos: não vende mais e não organiza o que ganha. E foi por isso que preparei o melhor conhecimento estratégico para te levar do zero ao lucro. No *link* da minha *bio*, você consegue ter acesso para aplicar na minha mentoria". Essa é uma das narrativas que utilizo para minha mentoria. Coloquei ela aqui para você ter um norte de como fazer a sua. Pare agora por alguns instantes e pense na sua história, no seu propósito e desenvolva a sua. Eu quero ver, hein? Chame no Instagram e me mostre.
- Use gatilhos mentais. Não sei se você gosta deles, mas eles funcionam. E, para funcionar, seu cliente precisa querer o que você vende. Não adianta você dizer que tem um produto com desconto de 90% para a pessoa errada. Não vai vender. Primeiro, você conhece seu público; depois, você aplica o gatilho certo.
- Faça *follow-up*, acompanhe o processo de vendas. Se você faz uma reunião com um possível cliente para demonstrar o seu serviço e ele disse que vai analisar, estipule um prazo para retorno. A sua proposta precisa ter validade. E dentro desse período, você manda WhatsApp ou e-mail para saber se o cliente analisou e se tem alguma posição. Não negligencie esse processo. Em alguns casos, ele não retorna porque esqueceu ou não teve tempo. Então, se você tiver um processo de retorno, isso vai lhe dar grandes chances de fechar a venda.
- Trabalhe bem o *overdelivering*. Entregue mais do que o seu cliente espera. Assim, você consegue melhorar a experiência dele com o seu negócio. Surpreenda. Essa estratégia pode ser utilizada de várias formas. Use sua criatividade.

- Cuide do pós-vendas. Peça a opinião do cliente, tenha interesse pelo seu nível de satisfação com o produto/serviço que adquiriu. Crie esse relacionamento e essa aproximação que geram possibilidades de novas compras.
- Divulgue seu negócio. As redes sociais estão aí para você aproveitar. Produza conteúdo. Faça anúncios. Contrate *influencers* para divulgar seu trabalho. Isso vai aumentar sua visibilidade e possibilitar mais vendas.

Diversifique sua renda

Você precisa de outras formas de monetizar. Tenha um plano B dentro do seu plano A. Por exemplo: eu sou contadora e também presto consultoria financeira e mentoria para negócios. Tem a confeiteira, que faz bolos e doces, mas que também ensina suas técnicas para outras confeiteiras. O advogado que, além de exercer sua profissão, ensina colegas recém-formados a prospectar os primeiros clientes. Dessa forma, você estará sempre amparado financeiramente. Se o A não estiver em um momento muito bom, tem o B para segurar. E se os dois estiverem com bom retorno financeiro, será perfeito. Sabe aquele ditado que diz quem tem dois tem um, e quem tem um não tem nenhum? É sobre isso.

Delegue

Delegue o que não depende exclusivamente de você. Em um negócio, existem várias funções e é natural que no início você precise exercer todas elas sozinho. Mas, assim que possível, comece a distribuir essas funções para outras pessoas. Isso é investimento, pois você conseguirá ter mais tempo para trabalhar estratégias de desenvolvimento da sua empresa.

Precifique certo

A formação do preço precisa ser feita com base nos custos e nas despesas para o produto ser vendido, como também na margem de lucro ideal. Tem que ter embasamento e não ser feito de maneira aleatória.

Aplique gestão financeira

Se essa estratégia não estiver bem-estruturada, mesmo com um bom volume de vendas, é provável que seu negócio não tenha lucro. E para que isso não aconteça, alguns pilares precisam estar alinhados:

- **Pró-labore:** o salário do empresário precisa estar dentro das possibilidades de pagamento da empresa. Faça levantamento das suas despesas pessoais e veja se a empresa pode lhe pagar esse valor. Caso não possa, você terá duas opções: diminuir essas despesas ou aumentar o faturamento da empresa.

- **Separação das finanças:** o faturamento da empresa precisa ir para a conta jurídica e o pró-labore precisa ser transferido da conta jurídica para a conta pessoal. A partir daí, as despesas pessoais serão pagas diretamente da conta física, enquanto as despesas da empresa serão pagas com a conta jurídica. É um princípio essencial que, se for seguido, irá trazer clareza de como andam as finanças do seu negócio.
- **Controle financeiro:** as movimentações financeiras precisam ser registradas. É preciso saber para onde o dinheiro está indo. Esse controle será responsável por gerar dados a serem analisados para tomar decisões.
- **Análises:** a partir do momento que você verifica seus números, é preciso fazer algumas perguntas: quais ajustes vou fazer? Como melhorar esse resultado? Realizo estratégias para aumentar faturamento ou é melhor cortar despesas? Esse é o momento de traçar um plano.
- **Destinar o lucro:** é preciso ter cautela nesse momento. O lucro do seu negócio precisa ser utilizado da seguinte forma:
  - distribuir parte para os sócios: é a hora de usufruir do seu trabalho;
  - reinvestir: seja em mercadorias, máquinas, equipamentos, reformas, como também fazer aplicações para que ele renda;
  - ter uma reserva de emergência: é a segurança financeira, caso algum imprevisto aconteça.

O lucro é responsável pelo crescimento de um negócio, mas para chegar até ele é necessário utilizar as estratégias certas.

Para lucrar, é preciso vender e organizar. Ao longo deste capítulo, eu lhe mostrei cada passo necessário para isso. Você vende, organiza e consequentemente lucra. Não existe fórmula mágica. Existem estratégia e disciplina. Empreender não é fácil, mas o que vai determinar seus resultados é o quanto que você está disposto a fazer isso dar certo.

> "Para chegar aos resultados que você quer, é preciso utilizar as estratégias certas."
>
> *Cláudia Torres*

Cris Paiva

Sou Cris Paiva, consultora em comunicação humana e fundadora da Contato Treinamentos em Comunicação. Criei um método exclusivo para profissionais que buscam excelência nos resultados e relações harmoniosas e colaborativas.

Auxilio empreendedores, executivos, líderes e equipes a se expressarem com clareza, segurança e objetividade. Como fonoaudióloga, apoio profissionais em uma emissora de televisão em Minas Gerais e de outras empresas na conquista da comunicação de alta performance. Minha carreira é impulsionada pelo desejo de transformar vidas por meio da comunicação.

Sou mineira e moro em Belo Horizonte. É uma alegria dividir essa jornada com meu marido, Guilherme Caldeira, e nossos filhos, Maria Luiza e Fernando.

crispaivafono

+55 (31) 99238-2358

Cristina Paiva

cristinapaiva@contatofono.com.br

contatofono.com.br

NEGOCIANDO
COM O SUCESSO

9

COMUNICAÇÃO EFETIVA: RUMO AO SUCESSO PROFISSIONAL

Por Cris Paiva

A comunicação é uma ferramenta essencial para construir relacionamentos positivos, impulsionar projetos profissionais e alcançar altos níveis de produtividade, qualidade e eficiência. Em praticamente todas as profissões, algum nível de interação humana é necessário – seja internamente, no ambiente de trabalho, ou externamente, em contato com clientes e parceiros.

Um profissional que sabe se comunicar é mais valorizado no mercado. Especialistas reconhecem que as competências comportamentais são tão importantes quanto a formação técnica. E a comunicação interpessoal se destaca como prioridade entre as habilidades mais procuradas pelas empresas.

Embora faça parte do dia a dia, ainda persiste o mito de que uma comunicação eficaz é um dom, uma habilidade inata. Saiba que a excelência comunicativa não é privilégio de poucos, mas sim fruto de prática e dedicação constante.

Eu vou apresentar a você sete tipos de comportamentos fundamentais que podem comprometer a eficiência da comunicação. Conheça-os, faça uma autoanálise e desenvolva estratégias para alcançar uma comunicação qualificada.

Tipo 1: falta de preparo

A preparação é indispensável para garantir eficiência ao falar. Sem ela, as chances de ser compreendido diminuem e a insegurança aumenta. Falhas ocorrem devido a fatores como falta de tempo para planejamento, desconhecimento do público-alvo ou didática desalinhada ao perfil do comunicador.

A seguir, há um passo a passo para uma preparação eficaz.

1. Defina mensagens relevantes para seu público-alvo.
2. Estabeleça seus objetivos na comunicação e escolha formas eficientes de iniciar e concluir suas ideias.
3. Crie um roteiro lógico e estruturado.

4. Escolha a melhor estratégia para memorizar suas ideias, como palavras-chave, mapas mentais, imagens, *slides* ou associações.
5. Treine sua performance em voz alta, prestando atenção à velocidade da fala, articulação, entonação, pausas e gestos.
6. Grave sua apresentação para identificar pontos fortes e aspectos que podem ser aprimorados.

Tipo 2: falta de concentração e estado de presença

A atenção plena e a conexão com a mensagem são fundamentais para estabelecer um vínculo com o público e se comunicar com clareza.

<u>Como lidar com distrações?</u>

Ao falar:

- Organize e memorize as ideias principais. Divida a mensagem em tópicos.
- Evite excesso de estímulos antes de se comunicar. Feche janelas no computador e aplicativos no celular que possam desviar sua atenção.
- Faça uma pausa restauradora. Respire profundamente, visualize o momento que está prestes a acontecer ou pratique breves momentos de silêncio e mentalizações positivas.
- Concentre-se na mensagem enquanto fala. Não permita que pensamentos desviem sua atenção.

Ao ouvir:

- Olhe para o interlocutor. Demonstre interesse com contato visual e linguagem corporal receptiva.
- Faça perguntas. Isso ajuda a compreender a mensagem e mantém sua atenção no diálogo.
- Anote pontos relevantes. Eles ajudam a processar o que foi dito e a evitar esquecimentos.
- Evite discussões mentais. Quando ouvir algo com o qual não concorda, foque a compreensão em vez de preparar contra-argumentos.
- Mantenha o foco, mesmo sob pressão. Se for a próxima pessoa a falar, resista à tentação de repassar mentalmente sua fala enquanto o outro ainda está se expressando.

Tipo 3: falta de contexto e detalhes

Você já foi mal-interpretado(a)? Um dos principais motivos para isso é a falta de contextualização e detalhes. Apresentar uma mensagem de forma específica reduz significativamente os riscos de falhas na comunicação.

Dizer “Você precisa ser mais pontual” pode gerar diferentes interpretações. Algumas pessoas podem associar pontualidade a chegar no horário. Outras podem entender que se trata de ser mais participativo nas conversas. Seja específico(a).

Por que a falta de detalhes ocorre?

- Crença de que a mensagem já está clara.
- Medo de parecer repetitivo.
- Receio de ser óbvio.
- Dificuldade em filtrar o que realmente importa.

Como trazer mais clareza à comunicação?

- Evite termos genéricos sem explicação.
- Selecione os argumentos mais relevantes para o público.
- Destaque a relevância do que está sendo solicitado.
- Pergunte ao interlocutor se ficou alguma dúvida.

Tipo 4: insegurança

A insegurança diante de situações de comunicação é uma experiência comum, ainda que em diferentes graus e contextos para cada pessoa. Ela pode variar de um leve desconforto a um medo paralisante. A falta de confiança, muitas vezes, prejudica a capacidade de manter a atenção, o que provoca impactos negativos na clareza e na escuta ativa.

Avalie seu nível de desconforto (leve, moderado ou intenso) em relação às seguintes circunstâncias que provocam insegurança:

- falar para um público desconhecido ou técnico;
- apresentar-se para um público grande;
- interagir com superiores ou pessoas relevantes para o seu trabalho;
- fazer apresentações breves sobre seu negócio;
- gravar vídeos ou participar de apresentações on-line;
- conduzir reuniões complexas e extensas com várias pessoas;
- oferecer *feedbacks* negativos;
- negar ou discordar de alguém.

Como conquistar segurança ao se expressar?

- Prepare-se e pratique. Ensaiar suas falas reduz a ansiedade e aumenta a confiança.
- Fale com segurança e convicção.
- Treine a fluência. Pratique especialmente a introdução. Dominar a etapa inicial é essencial para ganhar confiança.
- Alinhe linguagem corporal e fala. Transmita credibilidade por meio de gestos e postura que complementem suas palavras.
- Inspire-se em pessoas que você admira, mas preserve sua naturalidade. Fale do seu jeito.
- Evite autodepreciação. Comentários como "Pode ser uma bobagem o que vou dizer" ou "Não sou especialista, mas

vou tentar explicar" diminuem sua credibilidade e podem aumentar a insegurança.

- Acolha seus sentimentos, mas não se prenda a eles. Concentre-se na mensagem e desvie pensamentos que reforcem sua insegurança, como "Todos sabem mais do que eu" ou "E se eu esquecer o que tinha para dizer?".

Tipo 5: falar e escrever de forma rebuscada

Acreditar que uma linguagem rebuscada transmite mais credibilidade é um equívoco comum. A complexidade na estruturação das ideias, o uso excessivo de termos técnicos, palavras inadequadas ao contexto, jargões, estrangeirismos e frases longas ou intercaladas prejudicam a clareza e dificultam o entendimento da mensagem.

Como usar uma linguagem simples?

- Escolha palavras familiares ao seu público. Substitua palavras complexas por termos mais acessíveis.
- Evite jargões e siglas.
- Reduza estrangeirismos.
- Prefira frases diretas e objetivas. Frases indiretas dificultam o entendimento e tornam a comunicação cansativa.

Tipo 6: prolixidade

Quando estamos diante de um profissional que se expressa de forma prolixa, a tendência é que haja um comprometimento da escuta e da compreensão do conteúdo.

A prolixidade se apresenta de diversas formas. Por vezes, o falante se estende e demora a trazer a mensagem principal. Em outros casos, há repetição de ideias, mudança de assunto, uso de exemplos excessivos ou até mesmo inclusão de ideias que não são relevantes para o contexto.

Como se expressar de forma sucinta, direta e objetiva?

- Use frases curtas.
- Conheça suas intenções. Ter objetividade é mais do que ser direto, é direcionar sua mensagem de acordo com o propósito.
- Organize as ideias por ordem de prioridade. Comece pelas mensagens essenciais até chegar às auxiliares.
- Fortaleça sua capacidade de síntese. Evite exemplos em excesso, comentários desnecessários e novas ideias que não se relacionam com a mensagem principal.
- Faça fechamentos eficientes, alinhados ao objetivo. Se deseja vender uma ideia, chame para a ação. Se a intenção é gerar reflexão, faça perguntas. Se o propósito é informar sobre algo, diga resumidamente a ideia central.

Tipo 7: consciência reduzida

Todas as nossas interações são formadas por comportamentos comunicativos que vão promover resultados positivos ou não. O impacto é positivo quando atende às nossas expectativas, necessidades e intenções. A dificuldade de alcançar essa meta é que, muitas vezes, não temos a menor consciência dos impactos que gostaríamos de provocar ou até mesmo dos objetivos por trás de cada mensagem.

A consciência é essencial para a conquista de melhores resultados. Sem ela, podemos cometer falhas sem perceber. O grande desafio é estar consciente diante de comportamentos automáticos, como a fala e a escuta.

Se temos objetivos a alcançar profissionalmente, é fundamental manter a consciência nas atitudes comunicativas.

Como ser mais consciente na comunicação?

- Entenda que resultados deseja alcançar. Planeje o que vai dizer ou escrever, de acordo com seus objetivos.
- Fortaleça sua inteligência emocional. Identifique seus sentimentos e necessidades e pratique a autorregulação.
- Aumente a empatia cognitiva. Saiba o que o seu público espera e precisa.
- Entenda o seu perfil comunicativo.
- Mantenha-se presente durante a comunicação, com foco na mensagem e no comportamento do outro.
- Reconheça os seus pontos fortes e invista no que pode ser melhorado na sua performance comunicativa: tom e volume de voz, ritmo da fala, dicção, linguagem corporal, velocidade, pausas, expressão facial, uso das palavras, estruturação da mensagem.
- Controle os elementos que deseja aprimorar. Você pode precisar de um mentor para encontrar as melhores ferramentas.
- Quer saber quais são os principais aspectos que interferem no seu desempenho comunicativo? Acesse, no *QR Code* abaixo, um teste exclusivo que aplico em minhas mentorias.

Desenvolver a habilidade de comunicação eficaz é uma prioridade estratégica para qualquer pessoa que deseja crescer na carreira e construir relações mais sólidas e impactantes. Não perca grandes oportunidades por falhas na comunicação. Você merece se comunicar à altura da sua competência técnica.

“Você merece se comunicar à altura da sua competência técnica.”

Cris Paiva

Daniela Machado

Já fui alguém que não sabia quem era e muito menos o que queria. Hoje, eu sou a Daniela Andresa Machado da Silva, esposa do Alexandre, mãe do Luiz, do Lucas e da Cecilia, avó do Antony, filha do Luiz e da Sueli.

Graduada em Pedagogia e pós-graduada em Constelação Familiar, mestre em Reiki, terapeuta de Florais de Bach, facilitadora de Barras de Access. Como criadora do Método DM Constelar, juntei todo o meu conhecimento para auxiliar mulheres a se encontrarem, descobrirem seus lugares de força dentro do seu sistema familiar e terem uma vida mais leve, com a consciência de que são responsáveis pela sua própria felicidade.

Criei o Centro Terapêutico Curas da Alma em Porto Alegre/RS, com o intuito de formar consteladores que saibam que o **amor** é a solução para tudo.

constelадoradanimachado

10

QUANDO PAREI PARA ME OLHAR, EU CRESCI

Por Daniela Machado

A constelação familiar alavancou minha vida. Infância com pais presentes, mas ausentes. Eu morava no subúrbio, fui abusada sexualmente, lidei com o falecimento da minha mãe na adolescência, tive um casamento frustrado, sou mãe de dois filhos e descobri o que era Ensino Superior já adulta. Essa fui eu, até conhecer a constelação familiar.

Iniciei minha vida profissional muito cedo como professora de escola infantil, mas sempre quis mais. Estudava diariamente, almejando uma vaga na rede pública. Consegui passar no concurso, mas a chamada foi demorada. Decidi abrir meu primeiro empreendimento, no bairro em que morava: um salão de beleza em sociedade com minha cunhada. Essa parceria durou por aproximadamente dois anos e meio, até que o chamado para apresentação finalmente aconteceu.

Em 2007, eu me tornei oficialmente funcionária pública do estado do Rio Grande do Sul e, com essa nova etapa, percebi que muitas coisas na minha vida estavam erradas – entre elas, o fato de que sempre dei toda a atenção para minha família e para os outros, colocando-me sempre em último lugar. No primeiro dia de trabalho, constatei que não tinha roupas adequadas para minha nova função. Comecei a mudança. Mesmo com muita vontade de evoluir e sempre tirando forças de onde nem sabia, tinha que me diminuir para caber em lugares que não me representavam.

Em 2010, troquei de escola, ainda no serviço público. Na nova escola, encontrei pessoas que se tornariam amigos meus com o passar do tempo, pessoas essas que me incentivavam a crescer. Acabei me tornando diretora dessa escola por nove anos. Nesse processo, ganhei de uma dessas pessoas um curso sobre inteligência emocional, que para mim foi um divisor de águas. Começa aí meu processo de autoconhecimento.

Nesse início de processo, percebi, entre outras coisas, que estava pesando mais de 100 kg, que ainda vivia somente para minha família, que estava em um casamento fracassado e que queria muito mais profissionalmente.

Muitos cursos ainda foram necessários para começar a organização para a mudança, muito choro, muitos medos a serem superados, muitas barreiras no caminho, que por várias vezes me colocaram a pensar em desistir, mas sempre consegui seguir cada vez mais forte. Aprendi a focar, colocar metas, a parar para respirar e a cuidar da minha saúde física e mental. Esses processos que aprendi, em cada um desses cursos, me colocaram cada vez mais no caminho que eu queria. Eu crescia cada vez mais.

Nesse momento, percebi que, com o conhecimento que já tinha adquirido e olhando para meu progresso, eu poderia ajudar outras mulheres a se libertarem e crescerem também. Identifiquei uma oportunidade de aumentar minha renda e comecei a atender em uma pequena sala com umas amigas. Mesmo sem nenhum cliente, eu queria mais. Comecei atendendo um dia na semana, mas o número de mulheres demorava a aumentar e parecia que não iria dar certo. Novamente, pensei em desistir, mas, ao contrário, fui atrás de mais conhecimento, pois ainda não tinha entendimento suficiente para saber como ampliar meu negócio.

Minha desenvoltura e o trato com as pessoas colocaram na minha frente a possibilidade de montar um curso, mas faltava coragem e autoconfiança. Novamente, eu me deparava com minhas limitações. Conversava muito com pessoas que poderiam me auxiliar e abrir minha visão para possibilidades que eu não enxergava, principalmente com minha irmã, minha melhor amiga e companheira. Ela me sugeriu que eu conversasse com minha prima, que tinha um sítio terapêutico na cidade de Taquara, a 80 km de Porto Alegre.

Em plena pandemia, decidi ministrar o meu primeiro curso. Minha prima abriu o espaço dela para eu ministrar um curso de reiki. Mais uma vez, eu iniciava um novo ciclo, mas esse ciclo demorou pouco para me mostrar que eu queria mais. Continuei estudando e me aperfeiçoando a ajudar mulheres, mas ainda como diretora de escola, o que tomava muito do meu tempo e me limitava.

Procurava algo que não sabia o que era. Fiz mais cursos, mais treinamentos, mas ainda não tinha encontrado o que faria diferença na minha vida. Um dia, assistindo a uma reportagem, ouvi falar em uma tal de constelação familiar. Decidi pesquisar sobre o assunto e foi incrível; encontrei a oportunidade que estava procurando. Poderia ajudar muitas mulheres a entrarem em um nicho que era pouco conhecido e muito promissor. Imediatamente, eu me inscrevi no curso de pós-graduação, pois não poderia deixar escapar essa oportunidade.

Essa nova formação me trouxe muitos entendimentos, principalmente sobre mim mesma. Entendi que nossa vida está entrelaçada ao nosso passado, que fatos ocorridos há muito tempo ficam gravados no nosso subconsciente e que carregamos cargas emocionais até mesmo anteriores ao nosso nascimento. Nessas descobertas, entendi que tinha problemas familiares que nem eu mesma sabia, problemas que incluíam minha mãe, uma raiva guardada pelo abandono involuntário do seu falecimento e por uma frase que ela disse no leito de morte – "Ninguém vai lhe amar e cuidar como ele" –, referindo-se ao meu namorado, que acabou por se tornar meu marido por 23 anos. Esse entendimento me levou a tomar a decisão de me separar. Sim. Eu vivia um relacionamento frustrado com base nas palavras dela e perante a constelação familiar o relacionamento com a mãe é o teu guia para relacionamentos, tanto amorosos quanto interpessoais.

Entendi também que o abandono do meu pai, mesmo estando presente, fez com que eu criasse um escudo de autoproteção. Isso me tornou uma mulher masculina que se espelhava na vida financeira. O relacionamento com o pai é o "vir" do dinheiro, a prosperidade financeira, o foco e o saber realmente aonde quer chegar. Mas também entendi que eles foram os pais certos para mim, foram os criadores dessa história que hoje uso de modelo de superação para minhas pacientes.

Aqui inicia a verdadeira mudança: com todos esses entendimentos, comecei a me ajustar e colocar tudo na prática. O verdadeiro sucesso veio em todas as áreas da vida. Meu relacionamento foi o primeiro peso que decidi largar para poder começar a voar. Eu me separei. Mais uma vez, tive que ser forte.

A vontade de evoluir e a persistência nas mudanças resultaram em respostas no movimento que o universo começou a fazer. Agora solteira e com muita vontade de ser feliz, acabei conhecendo uma pessoa legal, parceiro e que realmente me incentivava a crescer. Nessa hora, percebi que não precisava mais ser masculina. Nesse momento, eu larguei mais um peso. Percebi que tudo poderia ser cada vez mais leve. Acabamos nos casando e ele se tornou meu principal parceiro na vida e de negócios, sempre me incentivando e motivando.

Decidi sair da sala de atendimento das amigas e abrir meu próprio consultório, com a minha cara, do meu jeito. O Centro Terapêutico Curas da Alma foi criado para atender somente mulheres que precisavam de auxílio em várias áreas das suas vidas, com atendimentos presenciais de constelações individuais e em grupos. Esse processo foi rápido. A constelação familiar é extremamente rápida. Cada mulher que eu atendia me trazia mais entendimento, mais esclarecimento. Estava ajudando minhas pacientes e me tratando ao mesmo tempo. Dois anos de atendimentos, constelando lindas mulheres, me fizeram entender que eu poderia e deveria ministrar cursos de constelação familiar, mas isso exigia tempo, mais tempo do que eu tinha disponível, o que me levou a novamente fazer um movimento arriscado, mas necessário: decidi me exonerar do funcionalismo público. O que para muitos parecia loucura para mim era um passo largo para meu propósito.

Com mais tempo disponível, comecei a organizar meu curso, mas não queria um curso qualquer; tinha que ser um curso diferenciado, inovador, único. Ele tinha que ter a minha assinatura. Acabei por criar o método DM Constelar, unindo à constelação familiar toda a bagagem que adquiri durante minha história, inteligência emocional, programação neurolinguística, entre outros métodos. Minha primeira turma de alunas foi no primeiro semestre do ano de 2024, uma satisfação gigantesca, orgulho delas e de mim. Tinha nascido minhas primeiras pupilas.

Com o tempo, os eventos sistêmicos se tornaram cada vez mais inevitáveis, tanto on-line quanto presenciais, com cada vez mais mulheres, em diferentes locais e cidades da Grande Porto Alegre, chegando ao ponto de fazer o maior evento em um dos maiores hotéis de Porto Alegre, o evento Uma Nova Mulher, evento que, além de trazer um faturamento ótimo, me permitiu atingir mais mulheres e, por consequência, alavancar minha exposição tanto na mídia quanto nas constelações em grupo presenciais.

No momento, estou procurando um espaço maior para aumentar minha clínica, um espaço para atender mais mulheres e fazer constelações em grupos maiores. Meu local atual me permite atendimentos com grupos de, no máximo, dezoito pessoas, o que atualmente é pouco para a dimensão da procura, que está cada vez maior. O que mais lhe limita são seus medos e seu subconsciente; o processo de evolução pode ser dolorido, mas é realmente necessário.

A constelação familiar pode, sim, ajudar você a evoluir, tanto profissionalmente como em todas as áreas da sua vida. Ela lhe traz autoconhecimento e lhe auxilia a enxergar e entender os principais pontos a serem olhados, mas sempre lembrando que é necessário que você esteja disposta a evoluir e encarar seus problemas e traumas, com força e perseverança.

Assim, o verdadeiro sucesso é a combinação do seu sucesso financeiro com seu sucesso na vida, pois nada adianta ter dinheiro na conta e carregar cargas desnecessárias que lhe impedem de aproveitar e curtir tudo que a vida tem a lhe oferecer. Por isso, lembre-se: **a vida pode ser leve**.

“Saber quem você é e aonde quer chegar é traçar a rota da felicidade.”

Daniela Machado

Crédito: @agnesriegerfotografia.

Daniele Gradinar

Sou paulistana, mãe, casada, executiva, mentora, escritora e palestrante. Bacharel em Comércio Exterior, pós-graduada em Negócios Internacionais pela Dublin Business School, na Irlanda, e pós-graduada em Psicologia Positiva pela Pontifícia Universidade Católica (PUC) do Rio Grande do Sul.

Sou escritora e autora independente do livro *Seja o que você quer ser* e tenho uma imensa paixão por autoconhecimento e por crescimento pessoal. Acredito que cada um de nós pode deixar uma marca positiva no mundo e que podemos ser quem queremos ser.

Minha perseverança por um mundo mais favorável à empatia e ao desenvolvimento é imensa e, por isso, acredito que a leitura pode sim mudar a maneira de pensarmos e de vermos o mundo. Espero que esta singela leitura possa ajudar você a encontrar o equilíbrio de que precisa e que, ao final, possa fechar negócio com o sucesso.

danielegradinar

danielegradinar

Daniele Gradinar

11

COMO O EQUILÍBRIO CHEGOU À MINHA VIDA

Por Daniele Gradinar

Equilíbrio é um grande desafio diário para todos nós, especialmente com as cobranças crescentes e recorrentes do trabalho, com as responsabilidades pessoais, com os compromissos sociais e familiares e com as atividades de bem-estar. Encontrar um ponto de equilíbrio que favoreça tudo isso pode parecer uma tarefa muito difícil ou, talvez, até impossível.

Alcançar esse equilíbrio é essencial para uma vida plena e harmoniosa. Passamos grande parte de nossas vidas buscando por ele e precisamos tentar encontrá-lo antes que não nos haja mais tempo e nem saúde. É como um malabarista de circo tentando equilibrar vários instrumentos ao mesmo tempo, ou seja, para conquistarmos o equilíbrio precisamos de muito treino, assim como o próprio malabarista.

E por que o equilíbrio é tão importante? Porque com ele promovemos saúde, bem-estar, bom desempenho no trabalho, em nossos relacionamentos e em nossas atividades em geral, nos proporcionando uma sensação de controle e um sentimento de que somos capazes de realizar qualquer coisa. Essa sensação nos transforma e faz com que estejamos em busca do equilíbrio de maneira contínua, pois, naturalmente, ao vivermos de maneira equilibrada, adquirimos um senso de realização e de propósito.

E sabendo das vantagens que o equilíbrio proporciona e sabendo que a falta dele nos gera uma vida de muitas frustrações e desarmonia, nós nos tornamos dispostos a fazer com que ele esteja presente em nossas vidas.

Recentemente, tivemos uma oportunidade de colocarmos nossas vidas à prova de equilíbrio com a pandemia da covid-19, um período em que foi necessário ser um malabarista muito habilidoso, mas quem de fato conseguiu? Fazíamos tudo de maneira desequilibrada mesmo, pois não tínhamos outra opção.

Esse não foi um período fácil! Nem mesmo para mim, que já adotava a rotina de trabalho híbrido desde 2012. Foram dias de estresse intenso, de afazeres acumulados e de não conseguir mais identificar até onde ia o trabalho e quando começava minha vida. Eu estava literalmente vivendo e dormindo no trabalho. Mesmo quando já adotava o trabalho remoto antes da pandemia, eu me deparava com situações de total desequilíbrio, pois ainda não havia entendido o que era necessário cultivar em minha rotina para que pudesse fazer do equilíbrio um elemento permanente.

Afinal, o que é preciso ser feito para que esse equilíbrio seja assim permanente e para que nos ajude a nos mantermos satisfeitos e felizes, independentemente de estarmos adotando o trabalho de maneira híbrida ou presencial? A receita perfeita ainda não existe, pois sempre haverá muitas situações fora de nosso controle, mas existem algumas habilidades que poderão nos ajudar a criar novos hábitos e a manter o equilíbrio tão desejado.

Com essas habilidades que iremos abordar a seguir, poderemos colocar um ponto de partida nesse nosso treinamento de malabaristas em busca de equilíbrio. As habilidades que considero importantes e essenciais para cultivá-lo em nossas vidas e que têm me ajudado muito são: planejamento, disciplina, determinação, foco e resiliência. E por que precisamos dessas habilidades para podermos cultivar o equilíbrio? Vejamos.

Planejamento

Planejar não é simplesmente uma atividade que executamos para mantermos a organização; é também um fator crucial para que a execução de nossas atividades seja realizada com o máximo de eficácia possível e para que possamos manter o andamento delas em evolução, fazendo com que o equilíbrio esteja presente. O planejamento nos ajuda a ver com clareza o que almejamos alcançar e também nos ajuda a antever quaisquer imprevistos ao misturarmos as atividades pessoais com as tarefas profissionais. O planejamento nos traz direcionamento e nos ajuda a manter a disciplina e o foco. Definitivamente, não há equilíbrio sem planejamento e, mesmo nas ocasiões em que as coisas não saírem conforme o planejado, poderá continuar ajustando as atividades de acordo com as circunstâncias, fazendo com que o equilíbrio esteja presente. O planejamento sempre lhe trará mais segurança para que possa iniciar suas atividades com mais controle e mais harmonia.

Disciplina

Mas o que adianta planejar se não estivermos disciplinados? A disciplina ajuda a nos mantermos com os horários e tarefas bem monitorados, fazendo com que seja possível conciliar as atividades pessoais e profissionais de acordo com o plano. Com a disciplina, conseguimos não só colocar a vida nos eixos, mas também alcançarmos tudo o que almejamos, incluindo o equilíbrio.

A disciplina, quando exercida diariamente, torna-se um hábito e deixa de gerar desconforto, tornando-se assim sinônimo de compromisso consigo mesmo e, quando estamos comprometidos no nível correto, conseguiremos realizar nossas tarefas com eficiência, sendo elas pessoais ou não.

Para que possamos manter a disciplina, é muito importante eliminar as distrações ao longo de nossa jornada e, infelizmente, o que mais temos hoje são distrações, independentemente de o ambiente de trabalho ser remoto ou não. É por isso que cultivar a disciplina, ou ao menos tentar cultivá-la, ajuda a nos mantermos firmes em nossas atividades, ignorando assim as distrações. Quando cultivada diariamente, ela se transforma em constância e esse será o ponto inicial para que o equilíbrio se faça presente. E disciplina precisa caminhar junto com a determinação, pois sem determinação não há disciplina.

Determinação

Sabe aquela vontade que faz você se sentir imbatível? Acho que podemos chamá-la de determinação. Aquela sensação de executarmos o que queremos, não importando o que aconteça. Se cultivamos a determinação em nossas ações, somos capazes de concluí-las com mais frequência, fazendo com que o equilíbrio prevaleça.

A determinação não consiste apenas em esforço contínuo, mas também em reconhecer quando estamos executando nossas tarefas de maneira correta. Não adianta eu ter muita determinação para sair com uma carroça e colocá-la na frente dos cavalos. Ser determinado é dar condução ao processo sem se deixar abalar pelas adversidades e sabendo fazer ajustes quando necessário. Ir com muita sede ao pote pode, muitas vezes, não ser eficaz e, para que a determinação esteja na dose certa, precisamos de foco.

A falta de foco pode resultar em desequilíbrio e, para que isso não aconteça, precisamos também cultivar o positivismo e a organização, pois ao estarmos focados, positivos e organizados, a determinação fluirá naturalmente, permitindo-nos continuar no fluxo de nossas atividades e fiéis ao que foi planejado, promovendo assim o equilíbrio.

Foco

E qual elemento caminha com a disciplina e a determinação? O foco, claro! Se nos deixamos levar pelas distrações nos desviando de nossos afazeres, nós nos distanciamos da disciplina e do foco, gerando assim, desequilíbrio. A primeira regra para manter o foco é justamente eliminar as distrações. Dessa forma, você conseguirá se manter disciplinado e estará mais apto a finalizar suas tarefas, evitando assim maiores delongas, ansiedade e frustrações.

Realizar pausas ao longo da jornada também ajuda muito a manter o foco. Mas quando falamos em pausas, não me refiro a render-se às redes sociais, vídeos etc. Eu me refiro a olhar pela janela por um instante para refletir sobre o que está fazendo, tomar uma água, um café, alongar-se, meditar, contemplar, conversar com alguém por alguns minutos fora do celular ou ainda praticar um pouco do ócio criativo. Parece difícil manter o foco diante de tantas interrupções e distrações diárias, mas, se você parar por um instante e só pensar nos resultados que almeja alcançar, conseguirá com mais facilidade não se render às distrações, pois a satisfação de uma tarefa cumprida dentro do prazo realmente não tem preço.

Resiliência

Podemos afirmar que o equilíbrio não pode existir sem resiliência, pois é ela que nos ajuda a nos mantermos no controle diante de situações adversas ou de crise. Se no dia a dia perdemos as rédeas de nossas tarefas e vamos ao encontro do desequilíbrio, é a resiliência que deve entrar em cena para que assim possamos retomar as atividades com calma e, quem sabe, trazer de volta o equilíbrio. Ela não se trata apenas de uma habilidade que permite nos recuperarmos mentalmente de nossos desafios, mas também nos ajuda a sermos moldados por eles.

A resiliência ajuda a nos recuperarmos, a nos adaptarmos e a nos transformarmos como seres humanos. Dessa forma, iremos permitir que cada experiência difícil possa contribuir com o nosso próprio desenvolvimento pessoal. Sabe quando dizemos: "Dançar conforme a música", "É preciso ter jogo de cintura", "O que não lhe mata lhe fortalece"? Ou ainda: "Sacode, levanta a poeira e dá a volta por cima"? Pois é. Estamos nos referindo à boa e velha resiliência. Pessoas resilientes são mais otimistas e realistas e, dessa forma, conseguem garantir um pouco mais de equilíbrio em suas vidas.

Com planejamento, disciplina, determinação, foco e resiliência você poderá conquistar o equilíbrio e uma vida plena.

Pois sem planejamento, não há execução monitorada; sem disciplina, não nos mantemos fiéis ao plano e para termos disciplina precisamos de determinação. Sem foco, a disciplina não existe e, com a resiliência, mantemos tudo no caminho certo e com equilíbrio.

Reconhecermos que o equilíbrio é fundamental para que possamos trabalhar e viver bem já é o primeiro passo. Não podemos nos deixar levar pelas nossas rotinas sem controle e que acabam nos adoecendo física e mentalmente. E isso se aplica também aos nossos negócios e projetos.

A falta de equilíbrio nas atividades pode resultar em impactos negativos no desempenho das equipes e das organizações e é por isso que precisamos rever processos e readequá-los de maneira frequente, para que assim o equilíbrio esteja sempre presente, promovendo bem-estar entre os colaboradores e, consequentemente, sucesso aos negócios.

Mas, ainda assim, pode-se indagar: "E se eu não possuir essas habilidades, como conseguirei o tal sonhado equilíbrio?". Habilidades são recursos que podemos desenvolver e adquirir ao longo de nossas vidas. Habilidades são características que passamos a possuir intencionalmente através de nossas experiências e precisamos estar atentos ao quanto estamos dispostos a adquirirmos novas habilidades, pois elas são essenciais para a vida como um todo e não só para o cultivo do equilíbrio.

Sendo assim, antes de começar colocar em prática as habilidades necessárias para se obter equilíbrio, faça uma autorreflexão para que assim consiga identificar o que pode estar trazendo desequilíbrio para a sua vida, pois não há ninguém mais, além de nós mesmos, que seja capaz de reconhecer e de agir para fazer com que estejamos levando uma vida equilibrada e plena. Faça isso por você. Busque o equilíbrio antes que o pêndulo da vida perca a direção; é nosso dever agirmos para que o equilíbrio esteja permanentemente conosco.

> “Busque o equilíbrio antes que o pêndulo da vida perca a direção; é nosso dever agirmos para que o equilíbrio esteja permanentemente conosco.”

Daniele Gradinar

Erica Ellen

Sou Erica Ellen, tenho 26 anos, sou natural de Paiçandu/PR. Resido até hoje em minha cidade natal com meu marido Gustavo Pereira, com quem sou casada há quatro anos.

Sou empreendedora no ramo da beleza há nove anos. Acumulei mais de quarenta mil atendimentos durante esse tempo. Ministro cursos para mulheres que querem empreender nessa área e alcançar o sucesso. Minha clínica de estética é referência na região com nove prêmios no segmento de qualidade e excelência. Recentemente, ganhei um prêmio de empreendedora paranaense.

Mas nem sempre foi assim na minha história. Abri mão de muitas coisas para alcançar meus sonhos, superei vários desafios no caminho para poder viver meu propósito, que é transformar vidas.

ericaellen_clinica

+55 (44) 99983-98490

12

A TRANSFORMAÇÃO POR TRÁS DO SUCESSO

Por Erica Ellen

"Empresária no ramo da estética, que há nove anos não tinha 2 reais para comprar pão de queijo na faculdade". Quando digo isso, as pessoas se impressionam. Como não tinha 2 reais? Ao contrário do que muitas pessoas imaginam, não nasci em berço de ouro, muito menos tive sorte. O caminho para chegar até aqui foi doloroso e cheio de espinhos, mas minha vontade de vencer era maior que as dificuldades.

Minha história começa aos 13 anos, quando sofria *bullying* na escola por ser gordinha e por não ser muito inteligente. Fui apelidada de Glória, o hipopótamo do desenho Madagascar. Sofri durante anos com comentários maldosos sobre meu peso ou sobre eu não conseguir ser alguém na vida. Próximo aos 17 anos, em uma conversa com algumas amigas sobre faculdade e profissão futura, cada uma falou o que gostaria de ser após o Ensino Médio. Algumas falaram "Advogada", "Contadora", "Dentista", "*Personal*" e na minha vez eu falei: "Esteticista". Naquele momento, uma delas deu uma risada e disse: '"Você? Fazendo faculdade? Não consegue, não tira boas notas e é gorda para fazer estética". Depois desse dia, eu coloquei como propósito de vida transformar minha vida para poder transformar a de outras pessoas que se sentiam como eu naquela época: fraca, feia, incapaz, gorda.

Alguns meses após esse acontecido, quis me transformar, eu queria mostrar que conseguia ser bonita. Eliminei 15 kg em dois meses. Logo após, comecei a faculdade e pensei que já estava transformada, mas me enganei. Após o término de um relacionamento tóxico de anos, coloquei o foco em mim e nos meus sonhos, não nos sonhos de outra pessoa que não me cabia.

Nesse período, eu já estava quase finalizando os estudos e no meio dos três anos de Estética, quando resolvi fazer curso de cabeleireiro no dia que tinha livre. Então, nos últimos meses, eu tinha que fazer o TCC, provas e trabalhos dos dois cursos. Para finalizar mais rápido, ia estudar às 8 horas da manhã no curso de cabeleireiro, com roupa toda branca, duas malas e uma mochila, de "busão", levando o material dos dois cursos, pois às 5 horas da tarde caminhava sete quadras a pé com as malas para ir ao curso de Estética. Nesse tempo, eu não tinha 2 reais para comprar um pão de queijo ou qualquer outra coisa para comer, por isso levava lanche e suco de casa para passar o dia inteiro fora estudando. Chegava em casa às 11 horas da noite e trabalhava – eu já fazia alguns atendimentos de cabelo, maquiagem e sobrancelha dentro da casa dos meus pais.

Era um quartinho pequeno com tudo muito simples. Tinha um lavatório, uma cadeira, dois *puffs*, uma penteadeira e uma maca, tudo em um quartinho pequeno. Comecei ali naquele quartinho sem estrutura o início do meu grande sonho aos 17 anos. No entanto, parecia tudo muito simples, fazer faculdade, começar atender, ser referência e ter sucesso. Facil, né? "A maioria das pessoas faz isso, porque eu iria sofrer durante o processo?". Era isso o que eu pensava, talvez você pense assim também, mas aos 19 anos, com a pressão dos estudos e minha ambição de conquistar os objetivos logo, tive começo de depressão. Não dormi durante três meses, pensava em tudo que meus pais tinham aberto mão pelo meu sonho. Eu tinha que fazer dar certo, mas ao mesmo tempo pensava se realmente seria capaz de conquistar tudo aquilo que um dia sonhei e trazer orgulho para eles. Escondi meu estado por meses, ia ao hospital quase todos os dias tomar remédio para passar enxaqueca, não estava bem mentalmente, mas tinha que dar conta de tudo: estudar quatorze horas por dia e trabalhar mais cinco horas ou doze horas.

Um dia, exausta, chorando em meu quarto, pensei: "Será que vale a pena mesmo? Será que vou ser feliz um dia, depois de tanta dor e tanta renúncia? Será que isso é para mim ou não sirvo para trazer transformação na vida das pessoas?". Meu pai entrou no quarto e viu a cena do meu choro, perguntou por que eu estava chorando, então eu disse tudo que sentia, tudo que estava passando, a pressão que eu mesma fazia em mim. Ele perguntou: '"Quer desistir? A gente fecha sua matrícula e você faz outra coisa. O que você gosta de fazer?". Naquele momento, eu refleti sobre o que iria fazer se não fosse Estética. Veio um fundo preto, apenas me imaginava trabalhando com a estética. "A escolha dessa profissão não foi à toa", pensei comigo. Eu queria transformação, eu queria mudança, eu queria ser melhor para levar autoestima para as pessoas. "Por que logo eu, que esperei tanto para ser transformada estou entrando no fundo do poço?". Meu pai novamente disse: "Se quiser, pode desistir. Eu e sua mãe estamos do seu lado para lhe apoiar. Mas você vai ser o quê? Vendedora? Trabalhar no mercado? Ser babá?".

Ali virou a chave, eu já tinha trabalhado em todos esses cargos que ele tinha falado e não eles eram meu sonho, não era o que queria para minha vida. Eu tinha um objetivo, um propósito, prometi para mim sucesso e não pararia até alcançar, pois esse seria o meu legado.

Muitas vezes, no meio do caminho, esquecemos o nosso verdadeiro propósito, nosso sonho e queremos desistir por estar sendo difícil demais. Nesses momentos, sente-se, respire e escreva qual é seu propósito de vida. Se ainda não sabe, pense naquilo que lhe deixa feliz ao realizar, faz você se levantar e querer viver, querer ser melhor naquilo – esse é o seu propósito. Agora escreva: qual é o seu sonho?

Essas duas coisas nos motivam diariamente no meio das tempestades, é o nosso motivo de não desistir. E foi nelas que me inspirei e repeti para mim mesma todos os dias. Se tivesse desistido não estaria escrevendo minha história para você, leitor.

Já falei aqui diversas vezes meu propósito, que é transformar a vida de pessoas que sofrem assim como eu já sofri anos atrás, trazer autoestima, felicidade, amor-próprio e mostrar para elas que são capazes de realizar tudo aquilo que sempre quiseram, tudo isso por meio da estética. Eu vivo diariamente esse propósito, é incrível a sensação de ver uma mulher transformada. Acredito que Deus colocou essa dádiva em minha vida. Sou feliz e realizada com meu trabalho, esse é o sucesso maior para mim.

Porém, ainda não mencionei meu sonho aqui, que era ter minha clínica de estética sendo referência e com agenda lotada. Depois de quatro anos atendendo no quartinho dos meus pais, construí minha tão sonhada clínica. Foi do zero, tijolinho por tijolinho, sem nenhum dinheiro. Acreditem, construí uma clínica sem dinheiro em cinco meses, mas como foi possível? Não esperem eu dizer um método mirabolante. Foi possível, sim, trabalhando mais de vinte horas por dia sem almoço, café, jantar ou pausa para me sentar, divulgando minha empresa, mandando mensagem para todos meus contatos e pessoas do meu Facebook para conhecerem meu trabalho.

Como falei no início do capítulo, não foi sorte. Não espere a sorte cair do céu como loteria. Faça-a você mesmo todos os dias. Se você tem uma empresa – mesmo que pequena igual era a minha, que no começo era em um quartinho na casa dos meus pais –, não tenha vergonha de divulgar, entrar em contato com possíveis clientes ou fazer seu marketing na rua. Faça a sua sorte, faça o seu sonho dar certo, seja você a transformação que sua vida precisa.

Voltando à época da construção da minha clínica, mesmo trabalhando bastante, as contas eram maiores. Assim, meus pais fizeram um empréstimo no banco para eu ir pagando durante um ano, após a inauguração; e meu marido, na época namorado, me ajudava com tudo que conseguia. Você sozinho é forte, mas, com as pessoas que lhe amam e apoiam, você é invencível. Essas pessoas em minha vida são meus pais, que abriram mão de muita coisa para realizar meu sonho. Como citei no começo, não nasci em berço de ouro, mas meus pais fizeram tudo que estava ao alcance deles para me formar. Eles venderam um carro que tanto adoravam para pagar meus estudos. Eu tinha como sonho dar um carro bom para eles e em 2021 realizei esse sonho e dei o tão sonhado carro ao meu pai.

É incrível como a vida nos surpreende quando decidimos escrever nossa própria história e jogar para o universo tudo aquilo que almejamos. As palavras têm poder e tudo aquilo que você diz irá se realizar. Então tome cuidado, diga coisas boas, vibre pensamentos positivos mesmo com o mundo desmoronando, pois depois da tempestade vem a calmaria.

E como eu disse que palavras tem poder, venho falar sobre a terceira pessoa que me faz ser mais forte, meu marido. Eu o conheci logo após um término. Ele era tudo que pedi para Deus, por isso eu disse que tudo que você diz pode se realizar. Ele é meu fã número um e meu maior apoiador em tudo que faço. Ele acredita mais em mim do que eu mesma e foi uma pessoa essencial para minha empresa ter sucesso.

Com a inauguração da clínica, veio a reflexão de que, para conquistar o sucesso, precisaria entregar uma experiência única, ser referência e ser lembrada. Servia chás com decoração; entregava mimos simples, que eu mesma personalizava, com minha logo, para as clientes postarem nas redes sociais e meu nome ser visto; criei meu próprio método de desinflamação corporal e limpeza de pele. Comecei impactar com os meus resultados e a experiência de estar em minha clínica. Hoje, as mulheres sonham em viver o "momento Erica Ellen".

Nesse tempo, percebi que a qualidade do serviço é crucial, mas o marketing é a chave. As pessoas não querem ir a um lugar que não é lembrado ou indicado, as pessoas compram a experiência de estar naquele ambiente que outras postam. Isso serve para todos os ramos.

Virei a Ivete Sangalo do meu negócio, tornei meu nome referência e, com isso, quitei o empréstimo em menos de um ano, conquistei mais de quinze equipamentos quitados, nove prêmios no segmento de qualidade e excelência – o que sempre foi meu foco, proporcionando momentos e resultados únicos –, comecei ministrar cursos para profissionais, precisei aumentar as salas, que antes era apenas uma maca. Hoje, temos cinco salas que vivem lotadas e minha empresa tem sua própria linha de cosmético. Posso dizer que vivo muito além que poderia sonhar um dia.

Ninguém, além de você, pode mudar sua realidade de hoje. Desistir não é uma opção para quem quer alcançar o sucesso.

> **Sem um começo não existe sucesso.**

Erica Ellen

Francisco Silva

Sou o filho mais velho de Tião do Nem e dona Cida e tenho cinco irmãos, dois homens e três mulheres. Nasci em Conceição dos Ouros, sul de Minas Gerais, onde grande parte da minha história foi construída.

Vivi minha infância, adolescência e juventude ali, criei amizades que perduram até hoje. Aos 26 anos, eu me mudei para Piracicaba/SP, onde novos capítulos da minha vida começaram a ser escritos.

Hoje, sou *master coach* e vi no desenvolvimento humano um caminho para transformar a nossa realidade. Não importa de onde viemos ou por quais situações passamos, nós somos capazes de realizar o que quisermos, se mantivermos princípios e valores sólidos.

Muito prazer, sou Francisco Silva, e neste capítulo quero lhe mostrar como a transparência e a honestidade são fundamentais no mundo dos negócios.

soufranciscosilva

+55 (19) 98124-8905

franciscoedsilva

francisco.ed.silva@gmail.com

NEGOCIANDO
COM O SUCESSO

13

A IMPORTÂNCIA DA TRANSPARÊNCIA E DA HONESTIDADE

Por Francisco Silva

Venho de uma família humilde e batalhadora e desde cedo aprendi o verdadeiro significado do trabalho. Meu pai, lavrador, e minha mãe, dona Cida, construíram juntos uma família unida de seis filhos. Sendo o mais velho, assumi responsabilidades cedo, ajudando minha mãe em casa e cuidando dos irmãos. Aos 8 anos, eu já auxiliava meu pai na roça, dividindo meu tempo entre a escola e o trabalho na plantação de arroz, feijão ou milho, conforme a colheita do ano. Essas experiências moldaram meu caráter e me prepararam para os desafios da vida adulta.

Um dos maiores ensinamentos que meu pai me deixou foi a honestidade. Mesmo em tempos de dificuldades, ele sempre manteve esse valor em suas decisões, ainda que nem todos retribuíssem com a mesma integridade. Enquanto trabalhava ao lado dele na roça, presenciei várias situações que me incomodavam. Meu pai nunca teve terras próprias, então trabalhava como "meeiro", dividindo a colheita com os donos das terras. Para mim, a divisão parecia injusta: primeiro dividiam o bruto e só depois meu pai sozinho arcava com as despesas. A falta de formalização legal e a confiança excessiva tornavam tudo ainda mais difícil de aceitar, mas, na época, eu não tinha o poder de mudar esse cenário.

Além de ajudar meu pai na roça, trabalhei como empregado para um outro agricultor que, apesar de termos combinado um valor, no final da colheita ele me pagou menos do que o acordado. Eu, criança, fiquei sem saber como me posicionar e isso passou em branco mais uma vez.

Hoje, percebo que pessoas mal-intencionadas se aproveitavam de nós. Elas não valorizavam a confiança que dávamos a elas. Reconheço que a falta de posicionamento foi um fator, mas só consigo entender isso agora, com a maturidade adquirida. Essas situações nos marcam e, em certa medida, deixaram traumas que me acompanharam até a vida adulta.

Aos 13 anos, consegui meu primeiro emprego formal em uma fábrica de costura, marcando o fim do trabalho braçal na roça. Minha independência estava começando a se concretizar. Além dessa fábrica de costura, onde fiquei até os 18 anos, passei por outras indústrias de roupas, tênis e bolsas, e tive uma breve experiência em um supermercado local. No supermercado, atuava como repositor de mercadorias e cuidava da venda de produtos agrícolas, como sementes, ração e remédios para animais, que ficavam em uma área nos fundos.

Agora, prepare-se, porque lá vem história. Certo dia, um cliente entrou no mercado em busca de um remédio para cavalo. Até aí, tudo normal. Ele se dirigiu ao setor veterinário, onde eu estava, e começou a fazer perguntas sobre diversos produtos. Pedia para ver um remédio, uma pomada, um vermífugo, e logo havia vários itens expostos no balcão. No meio da confusão, ele conseguiu me enganar e saiu com o remédio sem pagar. Não foi um erro, foi intencional; o cliente se aproveitou da minha inexperiência para roubar.

No dia seguinte, durante o inventário, percebemos a falta do produto e relembrando os atendimentos do dia anterior, relatei o comportamento do cliente ao meu supervisor, que rapidamente "matou a charada". Esse cliente já havia cometido o mesmo ato desonesto em outras ocasiões, tanto ali quanto em outros estabelecimentos. Meu supervisor tomou as devidas providências e, dias depois, o cliente voltou e pagou pelo remédio. Apesar de tudo ter se resolvido, eu me sentia inconformado, lembrando das situações de desonestidade que ocorreram na minha infância. Ao mesmo tempo, isso me fortalecia. Sentia que a cada experiência eu amadurecia e criava pensamentos que me levavam a acreditar que seria diferente, que venceria na vida sem passar por cima dos outros e sem agir de má-fé com as pessoas ao meu redor.

Quando eu falo de honestidade, não me refiro apenas a não roubar ou tomar o que não é seu. Para mim, ser honesto é dar o seu melhor no trabalho, nos estudos e nos relacionamentos. É agir sem segundas intenções, fazer o que é certo, seguir seus valores e princípios e manter a sua integridade. Honestidade é um estilo de vida que todos deveriam adotar.

Mudando de cidade

Lembra que eu disse no início que, mesmo sem perceber, essas situações estavam me preparando para enfrentar outros desafios na minha vida adulta? O ano era 2006 e eu começava uma nova trajetória em Piracicaba/SP. Nessa época, eu trabalhava em uma empresa multinacional em Minas Gerais, em uma cidade vizinha de Conceição dos Ouros. Nessa empresa, construí bons relacionamentos, sempre mantendo a humildade, buscando desempenhar bem minhas funções e sendo honesto e transparente.

Mas, antes de irmos para Piracicaba, deixe-me contar algo sobre transparência. Ela foi fundamental para que eu conseguisse minha transferência para Piracicaba. E por que eu digo isso? Enquanto ainda trabalhava na unidade de Minas Gerais, fui transferido para um departamento onde não me dei muito bem. Eu montava dispositivos eletrônicos/pneumáticos e fui parar na área de métodos e processos. Eu não tinha as habilidades necessárias para desempenhar aquelas funções e aquilo começou a me desgastar. Às vezes, eu tinha que viajar para outra filial, a 500 km de distância de Conceição dos Ouros/MG, e ficava lá por quinze dias. Isso me fazia perder dias da faculdade, que havia começado há pouco tempo.

Essa situação se manteve por alguns meses, até que eu procurei meu superior e fui franco com ele: "Olha, não estou desempenhando bem minhas funções. Por mais que me esforce, o trabalho não está saindo como gostaria e isso tem me deixado frustrado. Além disso, não tenho conseguido me dedicar o suficiente à faculdade por causa das viagens que preciso fazer. O pior de tudo é que sinto que não mereço o salário que estou ganhando; meu desempenho é muito baixo comparado ao que recebo. Isso me frustra".

Meu chefe ficou assustado e surpreso com a minha abordagem. Acredito que não era comum algum funcionário agir daquela forma. Eu continuei: "Mas tenho uma proposta, na verdade, um pedido. No antigo departamento em que eu trabalhava, eu era muito bom. Meu trabalho era excelente; montar aqueles dispositivos é uma paixão para mim. Então, meu pedido é que eu seja transferido de volta para lá e, caso não seja possível, quero me inscrever para o próximo programa de demissão voluntária que houver".

Ao analisar esse episódio da minha vida hoje, percebo que fui claro, honesto e transparente comigo mesmo, com meu chefe e com a empresa. Fui ousado e sincero.

Ao final da reunião, meu chefe, ainda surpreso, disse que analisaria meu caso e me retornaria em duas semanas. Eu tinha a certeza de que minha atitude tinha sido correta.

Passadas duas semanas, meu chefe me chamou na sala dele e me informou sobre minha situação. Eles conseguiram um remanejamento entre as áreas e me colocariam novamente no outro departamento. Na próxima semana, eu já retomaria minhas atividades de montagem de dispositivos eletrônicos/pneumáticos.

Você se lembra da faculdade? Agora eu conseguiria me dedicar a ela novamente. Eu estudava Sistemas de Informação, o que era um desafio e tanto. No primeiro ano, eu não tinha computador em casa e a única forma de aplicar os aprendizados era no laboratório da faculdade.

Francisco, mas quando vamos para Piracicaba? Estou chegando lá.

Um mês após o meu retorno ao antigo departamento, surgiu um recrutamento interno para uma vaga na área de desenvolvimento de *software* para microcontroladores, na filial de Piracicaba. Era uma oportunidade claramente alinhada com a graduação que eu estava cursando.

Assim que soube do recrutamento, não hesitei: eu precisava participar daquele processo seletivo. Para isso, era necessário obter a autorização do meu supervisor, o mesmo que havia atendido ao meu pedido recentemente. Combinei um horário com ele, entrei na sua sala e apresentei a minha solicitação. Eu me lembro de sua pergunta: "Francisco, o que você realmente quer? Há pouco mais de um mês, fiz um remanejamento de você para o seu antigo departamento". Mais uma vez, decidi ser honesto e franco com meu supervisor: "Olha, esse processo surgiu agora e está intimamente ligado ao curso que estou fazendo na faculdade. Não tinha como eu saber disso antes, mas gostaria muito de contar com sua autorização para participar desse processo seletivo".

Para resumir a história, eu não só obtive a autorização do meu supervisor, como também passei no processo seletivo e fui selecionado para a vaga de Piracicaba.

Mas, nem tudo são flores. Grandes desafios me esperavam.

Na crise de 2008, eu fui demitido da empresa.

Em 2009, eu consegui um estágio numa empresa de TI ganhando R$ 500,00/mês.

Em 2012, essa empresa de TI faliu.

Em 2013, eu assumi sozinho alguns clientes que a empresa de TI ainda tinha.

Em 2014, eu me mudei para Americana/SP e, mais uma vez, eu me deparo com situações de desonestidade e falta de transparência no ambiente profissional.

Lembra aquela falta de formalização nos acordos que o meu pai fazia como "meeiro"? Eu me via agora repetindo esse mesmo comportamento na minha vida profissional. E, conforme o tempo ia passando, eu percebia que a situação só ficava pior.

Transparência nas relações é crucial para que bons negócios aconteçam. Sem transparência, não há confiança e sem confiança não há negócios.

Eu passei grande parte da minha vida profissional atuando na área de Tecnologia em uma empresa na qual eu era "sócio", mas não tinha voz ativa, não tinha poderes executivos, não tinha acesso a números importantes do negócio, não havia transparência da outra parte. E, quando eu caí na real, perdi a confiança nessa relação. Perdi a confiança, mas mantive a minha integridade e honestidade. Resolvi me posicionar. Resolvi pedir transparência. Resolvi me mexer. Afinal, viver 40 anos presenciando desonestidade e não tomar partido é o "ó".

Ter tomado essa atitude literalmente transformou a minha vida. E eu tenho certeza de que isso só aconteceu porque eu criei coragem de agir. Eu percebi que, quando os valores se conflitam nas relações, elas ficam insustentáveis. E não dá para viver relações insustentáveis com aparência de saudável. Alguém pode ter sido desonesto com você, mas isso não permite que você seja desonesto com os outros.

> “Sem transparência, não há confiança e sem confiança não há negócios.”

Francisco Silva

Jacy Assis

Eu, Jaciara de Oliveira Assis, filha de José de Assis e França Oliveira Assis, mãe de dois filhos, Franklin e Caíque, e avó de uma gata muito lida minha razão de viver, Alice, de apenas 4 anos.

Tenho como formação fundamental Desenho Arquitetônico na Escola Humberto de Alencar Castelo Branco, localizada no subúrbio ferroviário de Periperi. Também tenho formação acadêmica em Terapia Capilar e Tricologia, entre outras.

Nascida, criada e ainda residente no subúrbio ferroviário da cidade de Salvador/BA. Atualmente sou proprietária de quatro salões de beleza distribuídos em vários bairros da cidade com diferentes classes sociais em Salvador. Tenho várias formações técnicas ministrantes, tais como Cosmetologia, Colorimetrista, entre outras. E recebi várias premiações nacionais e internacionais.

Minhas redes sociais são:

jacy_assis.1

jacyinstitutodebeleza

jacyinstitutodebelesasubúrbio

salaodasmeninas

14

O SEGREDO DA CAPACIDADE DE SE REINVENTAR PARA EVOLUIR

Por Jacy Assis

Sempre fui uma garota tranquila. Ao longo da minha vida, aprendi que a reinvenção é fundamental. Cada desafio que enfrentei me ensinou algo novo e me ajudou a crescer. Acredito que a tranquilidade é uma força poderosa, permitindo-me observar e refletir sobre as mudanças que preciso fazer. Com o tempo, percebi que inovar não é apenas sobre ter novas ideias, mas também sobre estar aberta a novas experiências e aprender com elas. É um processo contínuo de autodescoberta e adaptação. Cada passo nessa jornada me trouxe mais perto de quem sou e do que quero alcançar.

As travessuras de uma garota curiosa

Sempre fui uma pessoa muito curiosa e, ao longo do tempo, essa curiosidade me mostrou diferentes maneiras de viver.

Para compensar minhas travessuras e deixar meus pais cheios de orgulho, sempre me esforcei para ser uma boa aluna na escola. Desde pequena, eu me cobrava bastante nos estudos, mas, como vinha de uma família humilde, algumas dificuldades surgiam no caminho, pois nem tudo eram flores. Havia uma garota na escola que vivia me provocando. Não me lembro exatamente do motivo, mas a situação ficou tensa. Naquele período, eu tinha acabado de ganhar meus primeiros óculos e, após uma briga, eles acabaram quebrando. Tive que esconder isso dos meus pais por uma semana inteira, até que eles descobriram e me colocaram de castigo. Fui tão traquina que, mesmo sem poder sair de casa, abri a janela do meu quarto e deixei as meninas entrarem para brincar comigo. Isso acabou resultando em mais um corretivo, pois não era apenas proibido eu sair para brincar; as meninas também não podiam entrar. Meu castigo só aumentou

Uma nova fase na escola e na vida

Com o passar do tempo, nós nos mudamos para uma escola e um bairro novos, então passamos a viver perto dos meus avós. Essa mudança foi incrível para mim, pois eu era a neta mais nova e sempre fui muito mimada por eles. No entanto, essa nova fase também trouxe um lado desafiador: a cobrança constante de toda a minha família. Como todos moravam próximos, era como se estivéssemos em um vilarejo, convivendo uns com os outros o tempo todo. Por um lado, isso era maravilhoso, pois tinha a oportunidade de estar perto de todos; por outro, ser uma menina cercada por tios e primos significava que as expectativas eram ainda maiores.

Aventuras na escola de escoteiros

Aos 14 anos, minha mãe decidiu me matricular em uma escola de escoteiros que tinha uma abordagem militar. Achei que essa seria uma ótima oportunidade para seguir uma carreira militar no futuro. Na verdade, eu realmente gostava de ser escoteira. As experiências me encantavam. Com o tempo, fui me envolvendo cada vez mais nas atividades da escola. Adorei os desafios que surgiam e, embora estivesse sempre supervisionada, a sensação de liberdade era incrível. Durante esse período, conquistei várias estrelas e medalhas e até me tornei líder do grupo. Essa experiência me fez crescer em responsabilidade e confiança. À medida que o tempo passou, comecei a tomar decisões mais alinhadas com o que eu realmente queria. Já no ginásio, decidi montar uma banquinha para ajudar outras crianças com os estudos e com isso ter uma renda.

Desafios e superações

Infelizmente, minha banquinha de reforço não durou muito, apenas um ano. No ano seguinte, enquanto estava no ginásio prestes a me formar e ainda envolvida com as atividades de escoteira, cometi um vacilo e engravidei. Essa notícia trouxe um turbilhão para a minha vida, aí eu acabei me casando. O casamento foi mais ou menos; não era exatamente o que eu sonhava, mas era o que a situação pedia. Vindo de uma família humilde, agora casada e com um filho, a vida parecia estar tomando um rumo diferente do que eu havia planejado. Logo engravidei novamente e tive meu segundo filho. Com o nascimento do segundo filho, veio o divórcio; essa fase foi cheia de dificuldades. No entanto, eu nunca deixei que isso me abatesse. Cada desafio que surgia na minha frente eu encarava com coragem e determinação. A vida pode ter se tornado mais complicada, mas eu estava decidida a vencer cada obstáculo.

A caminhada de superação e crescimento profissional

Após a minha certificação de manicure, comecei a buscar oportunidades na área. Essa situação não me desanimou; pelo contrário, ela me motivou a procurar novas oportunidades. Logo encontrei um salão e fui contratada. Os desafios na minha profissão foram significativos, mas eu já tinha enfrentado dificuldades antes e sabia que poderia superá-las. Comecei como manicure, mas rapidamente ampliei meus horizontes e me tornei depiladora, terapeuta capilar, cabeleireira, massoterapeuta, esteticista, visagismo, colorimetrista, cosmetologia e tricologista. Ao longo do tempo, busquei sempre me aprimorar e crescer dentro da minha área.

Hoje, sou grata por todas as dificuldades que enfrentei. Com muito esforço e dedicação, consegui me transformar em uma especialista com capilaridade técnica na área da beleza. Sou grata por todas as dificuldades que enfrentei. Sou mãe de dois filhos e, apesar das barreiras que surgiram em meu caminho, nunca deixei que isso me abalasse. Atualmente, tenho o prazer de ministrar aulas, compartilhando tudo o que aprendi ao longo da minha jornada. É gratificante poder inspirar outras pessoas com as minhas experiências e mostrar que é possível superar desafios e alcançar seus objetivos e fazer seus sonhos se tornarem realidade.

A jornada de um sonho realizado

Certa vez, enquanto trabalhava em um salão, uma colega se virou para mim e perguntou: "Você não queria montar um salão?". Naquele momento, eu nem imaginava que essa ideia se tornaria uma realidade na minha vida. Mas a curiosidade me instigou e ela me contou que havia um espaço disponível para alugar. Decidi ir ver. Quando cheguei lá, encontrei um senhor maravilhoso, educado e que se tornaria uma verdadeira bênção na minha vida. Ele me ofereceu um preço justo e, de repente, meus sonhos começaram a ganhar forma. Assim, abri meu primeiro salão ao lado de duas amigas; achava que sozinha não conseguiria enfrentar esse desafio.

No início, tudo parecia perfeito. No entanto, com o passar do tempo, a sociedade se tornou complicada e cheia de desentendimentos. Aprendi da maneira mais difícil que sociedade nem sempre é a melhor opção. Mas tudo bem, cada experiência traz seu aprendizado. O senhor que conheci no início da minha jornada se tornou como um pai para mim. Ele me ensinou como lidar com as pendências que surgiram ao longo do caminho e me apoiou em momentos difíceis. Com o tempo, consegui eliminar todas as dívidas e me livrar das sócias, finalmente assumindo sozinha o controle do meu salão. E, assim, com coragem e determinação, conquistei o meu primeiro salão. Essa trajetória foi repleta de desafios, mas cada um deles me fortaleceu e me preparou para tudo o que viria a seguir.

Superando desafios e conquistando sonhos

Ao longo da minha trajetória, consegui realizar um grande sonho: conquistar o meu próprio salão de beleza. Na verdade, foram vários salões, frutos de muito trabalho e dedicação. No entanto, a pandemia trouxe um desafio inesperado que me pegou de surpresa. Com mais de quarenta profissionais contratados sob o regime CLT, fui forçada a dar férias a todos eles. Tive que arcar com os salários do meu bolso, acreditando que a situação se resolveria rapidamente. Infelizmente, não foi assim que aconteceu. A pandemia se prolongou muito mais do que eu esperava.

Embora tenha conseguido alguma ajuda do governo, quando as coisas começaram a voltar ao normal, enfrentei a difícil decisão de dispensar cinquenta profissionais, tudo isso em meio a uma crise financeira sem precedentes. Para lidar com essa situação desafiadora, tive que negociar acordos com vários órgãos e buscar alternativas para manter o negócio funcionando. Graças à força e à resiliência que construí ao longo dos anos, consegui superar mais esse obstáculo. Cada experiência difícil me ensinou lições valiosas e me deixou mais forte. Hoje, guardo todas essas vivências dentro de mim como um testemunho da minha capacidade de enfrentar desafios.

A busca pelo conhecimento e pela gratidão

Com o passar do tempo, minha jornada me levou a conhecer um vendedor e uma distribuidora que abriram as portas para um mundo maravilhoso dentro da minha área. A partir daí, eu me lancei em uma busca incessante por conhecimento. Cada aprendizado e cada troca de experiências me transformaram e fizeram me tornar uma especialista no que faço. Busquei novas graduações, sempre em busca de aprimoramento. E, assim, com dedicação e paixão, as coisas começaram a fluir. Do primeiro salão, vieram mais um, dois, três, até que cheguei a quatro salões. Cada conquista foi fruto de muito esforço, superação e vontade de não desistir diante dos desafios. Sou profundamente grata a Deus por todas as oportunidades que Ele me deu. Sinto que nunca estive sozinha nessa caminhada, Ele sempre esteve comigo me dando força e coragem. Costumo dizer que vivo no colo dEle como um filho amado que está sempre protegido nos braços do pai. Por isso, só tenho a expressar minha gratidão. Gratidão por cada desafio enfrentado, por cada experiência vivida e por todos os aprendizados que moldaram quem eu sou hoje. Cada passo dessa jornada foi essencial para meu crescimento.

Seja sempre você mesmo

Seja sempre você mesmo, tenha coragem para ser forte e digno em todas as situações. Ande com a cabeça erguida, pois cada passo que você dá é uma afirmação da sua essência e das suas conquistas. Lembre-se de que fazer o bem é um presente que você oferece ao mundo. Faça-o sem olhar a quem, sem esperar nada em troca, porque a verdadeira generosidade vem do coração. A cada ato de bondade, você semeia luz e esperança, não apenas na vida dos outros, mas na sua própria. A vida é uma jornada repleta de desafios e oportunidades.

“Mantenha sempre a autenticidade como seu guia e siga adiante com fé e determinação. Você tem um papel único em sua história!”

Jacy Assis

Janaina Peroto

Sou especialista em Gestão de Pessoas, apaixonada por transformar teoria em prática. São vinte anos de experiência; iniciei como trainee e passei por bancos, indústria, varejo e *startups*. Desenvolvi projetos que impactaram mais de cinquenta mil pessoas, como a construção organizacional de uma fintech do zero e a criação da estrutura estratégica que expandiu a empresa em BUs, gerando milhões em resultados.

Essa trajetória de sucesso me inspirou a criar o Método Dica, que ajuda líderes a delegarem, influenciarem, confiarem e aprenderem. Minha missão é impulsionar o crescimento das empresas com uma gestão que entende para executar. Sou mentora e palestrante de líderes que buscam se tornarem independentes e confiantes, com foco em tempo e resultados.

janaina.peroto
janainaperoto
contato@janainaperoto.com

NEGOCIANDO
COM O SUCESSO

15

O SEGREDO DE GRANDES LÍDERES: DELEGAÇÃO EFICAZ

Por Janaina Peroto

Ser um grande líder não é sobre o cargo, mas sobre o comportamento: líderes de sucesso assumem responsabilidades e sabem delegá-las de forma estratégica para alcançarem grandes resultados. Aqui, explicarei como delegar com eficácia, uma habilidade crucial para engajar sua equipe e liberar mais tempo na sua agenda. Você aprenderá a transformar sua equipe em uma potência de execução, com autonomia e confiança de que você precisa.

Foi justamente aplicando, testando e, o mais importante, observando a transformação de pessoas lideradas por mim que desenvolvi a partir dessas vivências o método que carinhosamente chamo de DICA:

- desenvolver e delegar;
- inspirar e influenciar;
- comunicar e confiar;
- aprender e aprimorar.

Seja bem-vindo(a) a este capítulo, querido(a) leitor(a).

Desenvolver e delegar

Delegar vai além de distribuir tarefas; é investir no desenvolvimento da equipe, equilibrando o que as pessoas querem com o que você precisa. Explico.

Todos nós somos egoístas por natureza. A verdade é que cada pessoa tem o seu sonho de curto ou longo prazo e, para desenvolver pessoas e delegar, você precisa, primeiro, conhecer quem está ao seu lado.

Delegar significa criar um ambiente onde cada pessoa reconheça seu papel e tenha oportunidade real de crescimento, tanto financeiro quanto intelectual. Ao delegar, você está, na verdade, capacitando pessoas para assumirem responsabilidades de forma autônoma e segura e é assim que você ganhará tempo, além de apoiar o crescimento de cada pessoa ao seu lado.

Quando uma tarefa é atribuída de forma estratégica, a pessoa reconhece a importância de seu papel no todo, se compromete e se desenvolve. Acredite, isso é transformador! Para você, líder, refletir e mudar o jogo imediatamente, eu lhe pergunto: você sabe delegar ou está cometendo o erro de "delargar"?

Faça este exercício prático com três passos e aplique amanhã com pelo menos uma pessoa.

1. **Identifique uma de suas atividades que outra pessoa possa realizar.** Dica importante: escolha uma tarefa ou projeto que ofereça uma oportunidade de crescimento para quem irá assumi-la. Lembre-se de que essa escolha deve ser intencional e estratégica para seu papel como líder.
2. **Defina as expectativas com clareza.** Explique o objetivo da tarefa, o prazo para a entrega, o que você considera como critério de sucesso, explique o que precisa ser feito e porque a pessoa foi escolhida para receber essa atividade.
3. **Incentive a autonomia para a execução, mas se coloque à disposição para qualquer dúvida durante o processo.** Dê à pessoa espaço para colocar a mão na massa, tomar decisões e se sentir responsável pela tarefa. Esteja sempre disponível, se necessário.

Depois me conte o que aconteceu. Procure-me nas redes sociais e me dê esse *feedback*.

Inspirar e influenciar

Inspirar e influenciar são pilares emocionais fundamentais para uma liderança eficaz.

Inspirar significa ser o exemplo: é uma postura de autenticidade, que permite ver em alguém – no caso, em você – uma atitude com propósito. Significa mostrar que cada ação tem um impacto maior e que todos fazem parte de algo significativo.

Influenciar é a habilidade de moldar comportamentos, escolhas e decisões de modo positivo, promovendo alinhamento com sua visão e seus valores. Quando um(a) líder inspira por meio de atitudes coerentes, é natural que seja admirado(a) e que seu legado seja replicado com o mesmo nível de comprometimento, postura e atitude por quem o segue.

Sabe aquelas frases que escutamos ao longo da vida? "Diga-me com quem tu andas que te direis quem tu és", "Você é reflexo das cinco pessoas com quem mais convive", "As palavras convencem, mas o exemplo arrasta". Essas frases são exemplos de que nossas ações têm um impacto muito maior do que apenas nossas palavras, mostrando que o que somos e fazemos é a nossa forma mais poderosa de influenciar.

Influenciar não é impor, mas contagiar todos em um propósito comum, inspirando pelo exemplo, capaz de promover um ambiente onde as pessoas escolhem contribuir porque se identificam com o que é feito, como é feito e por quem é feito.

Para ajudar você a refletir e se tornar um(a) líder que realmente inspira outras pessoas, eu lhe pergunto: já parou para pensar se você é coerente com aquilo que fala e faz? Eu sei, essa pergunta é bem intrigante, mas você precisa refletir sobre ela e sobre suas atitudes.

Reserve um momento para responder a estas perguntas. O esforço valerá a pena!

1. Quem são as pessoas que lhe inspiram hoje e por que elas lhe inspiram?
2. O que você aprende com elas e quanto desse aprendizado você compartilha com outras pessoas?
3. Quais valores e princípios você valoriza como líder? As pessoas ao seu redor conhecem esses valores e os praticam diariamente?
4. Quando foi a última vez que você recebeu um *feedback*?

Reconhecer as pessoas que lhe inspiram, os valores que lhe guiam e a forma como as pessoas lhe percebem é um exercício poderoso de autoconhecimento. Conectar-se com essas respostas torna sua liderança mais intencional. Por isso, seja honesto consigo mesmo(a) e use essas reflexões como base para uma liderança mais consciente e inspiradora.

Comunicar e confiar

Comunicação e confiança são pilares de uma liderança transparente, em que a clareza permite que todos se sintam confortáveis para expressar opiniões e ideias, mesmo em momentos desafiadores.

Comunicar é falar o porquê. Essa ideia central é explorada de forma profunda no livro *Comece pelo porquê* (2021), de Simon Sinek. A obra defende que líderes e organizações que comunicam claramente o motivo por trás de suas ações e decisões conseguem engajar pessoas de maneira mais efetiva. Sinek apresenta o círculo dourado, com o **porquê** no centro, seguido pelo **como** e por **o quê**. Começar pela razão cria conexão emocional, gerando propósito e lealdade na equipe.

Imagine que você deseja construir a sua casa com 300 m² em um condomínio de luxo e que você guardou dinheiro nos últimos cinco anos para investir nesse projeto.

Para execução, você precisa contratar pessoas para trabalhar na obra e a profissional pelo recrutamento e seleção lhe apresenta respostas que três pessoas diferentes deram para a seguinte pergunta: "Por que você deseja trabalhar nessa obra?".

A primeira resposta: "Porque eu preciso trabalhar".

A segunda resposta: "Porque eu já construí casas e essa será mais uma oportunidade".

A terceira resposta: "Porque eu gosto de construir sonhos".

Qual resposta tem o porquê que apresenta uma dedicação que resultará em um impacto mais significativo e duradouro?

A minha reflexão aqui é que a sua comunicação deve sempre gerar impacto emocional, fazendo com que as pessoas enxerguem além do trabalho tático e operacional. Eu tenho certeza de que você quer ao seu lado a pessoa que constrói sonhos em detrimento das pessoas que só precisam trabalhar.

Uma comunicação aberta, combinada com a confiança mútua, fortalece o relacionamento entre as pessoas e facilita o alinhamento na busca pelo resultado. Para garantir que a sua comunicação gere impacto emocional e fortaleça a confiança, sugiro o seguinte exercício prático: peça que cada pessoa ao seu lado responda a seguinte pergunta, "Qual é o meu porquê para trabalhar aqui?". Colete essas informações e valide se as respostas estão mais sobre a ótica de construir sonhos ou se estão mais sob um olhar operacional.

Aprender e aprimorar

A liderança que cresce com as pessoas é aquela que sabe aprender continuamente e que entende que aprimorar produtos, processos, conceitos etc. é necessário. Se você não evolui, seu time também não cresce, seu negócio não inova e por aí vai. Aprender envolve dedicar ao menos 20% do seu tempo a novos conteúdos e perspectivas, alimentando-se de conhecimentos variados para expandir visões e competências.

Um segredo meu para você! Trave sua agenda para lhe lembrar estrategicamente desse momento e use um termo autoral:

"A&A" (aprender e aprimorar). Ao reservar esse tempo para A&A, você não está apenas investindo no seu próprio crescimento, mas também criando um espaço para que as pessoas se sintam inspiradas a fazerem o mesmo. Olhe aqui mais um exemplo sobre influenciar pelo comportamento.

Ao trazer novas ideias e aprendizados para o ambiente de trabalho, você estimula a inovação e a criatividade, permitindo que todos se sintam parte de um processo dinâmico de evolução. Isso abre portas para discussões enriquecedoras, nas quais cada pessoa a sua volta possa contribuir com suas próprias experiências e *insights*.

Ao fazer do aprendizado uma prioridade coletiva, você constrói uma cultura organizacional adaptável, em que todos estão preparados para enfrentar os desafios e aproveitar as oportunidades que surgem alinhadas ao objetivo final. E aqui o exercício prático vai ser muito simples e fácil: reserve, agora, na sua agenda, para o próximo mês, todos os seus momentos A&A.

Recomendo um mês, pois, segundo o livro *O poder do hábito*, 21 dias são essenciais para que uma prática se torne natural, mas lembre-se de que a verdadeira transformação está na sua consistência e intenção.

Tire um *print* da sua nova agenda e compartilhe comigo! Ficarei muito feliz em ver você colocando em prática um segredo tão meu.

Conclusão

Neste capítulo, eu lhe mostrei a essência da liderança eficaz, destacando a delegação como uma habilidade essencial para quem deseja crescer e ter resultados de sucesso. Liderar é mais que um título; é sobre impactar e transformar pessoas por meio de ações e comportamentos com valores e propósito.

O Método Dica é uma ferramenta para guiar sua jornada e, ao aplicar essas estratégias, você, com certeza, fortalecerá seu negócio e sua equipe.

Agora, encorajo você a colocar em prática e compartilhar suas experiências comigo e, lógico, se quiser ser mentoreado(a) por mim, será um prazer construir esse processo ao seu lado.

Vamos juntos construir uma comunidade de líderes independentes, confiantes e autênticos.

Referência bibliográfica

SINEK, S. *Comece pelo porquê*. Rio de Janeiro: Sextante, 2021.

“Entender para executar.”

Janaina Peroto

Josi Ferreira

Sou Josi Ferreira, tenho 46 anos, natural de Urussanga/SC. Resido em Criciúma/SC há 39 anos. Esposa do Carlos Andrei há 22 anos, mãe de Isabelle, de 17 anos, e Isaac, de 8 anos, com muito orgulho.

Formada em Ciências Contábeis, sou empresária, *hairstylist*, técnica máster e instrutora de cabeleireiros. Minhas conquistas são: Empreendedoras Catarinenses 2023 e 2024, Tesoura de Ouro 2023 e 2024.

Durante muitos anos em minha vida, carreguei traumas, angústias, amarguras e até mesmo ódio. Passei por momentos tão difíceis que cheguei a questionar onde estava Deus. Foi difícil entender que cada fase ruim eram tijolinhos sendo levantados dia após dia, e que o tempo todo era Ele me ensinando que, para sobreviver em meio ao caos, é preciso ser resiliente. Desde então, venho aprendendo a lidar com as frustrações de uma forma mais suave e decidi que nada me fará desistir.

josiferreiraa_

+55 (48) 99937-3293

Josi Ferreira

josiferreira1566@gmail.com

josifer2002@yahoo.com.br

16

O PAPEL DA RESILIÊNCIA NAS GRANDES CONQUISTAS

Por Josi Ferreira

Infância

Sou a caçula de seis filhos. Venho de uma família muito humilde; meu pai foi um homem que, em meio a muita dificuldade, sempre batalhou muito para nos dar o sustento. As lembranças que tenho da minha infância me trazem à memória momentos muito desagradáveis. Desde muito pequena, fui importunada por duas pessoas da minha família; eu me lembro de fatos que ocorreram quando eu tinha em torno de 6 anos. Foi quando tudo começou, com a primeira pessoa que me molestou durante muitos anos. Prefiro não entrar em detalhes, mas nunca revelei nada por medo.

A segunda pessoa que também me importunou, dessa me recordo que, a partir dos 11 anos, sempre me espionava em meus momentos íntimos. Aos 13 anos, ele me espiou durante o banho. Isso me gerou traumas e passei a ter surtos, crises epiléticas e, por um longo período, precisei de tratamento neurológico. Durante anos, carreguei um fardo pesado de ódio dentro de mim, com recordações aterrorizantes e sombrias.

Relacionamento, família e milagres

Aos sete anos de casada, passei por uma crise em meu relacionamento. Havia chegado ao limite, eram constantes brigas, discussões, contendas. Foi quando parei, pensei melhor e decidi buscar e entregar nas mãos de Deus tudo aquilo que estava me angustiando; entreguei meu casamento nas mãos do Senhor. E foi então que os ventos começaram a mudar de direção. A palavra do Senhor em Provérbios 14:1 diz: "A mulher sábia edifica sua casa". Hoje, sei que, para um casamento ser saudável, é preciso a união de três pessoas: Deus + eu + meu esposo.

Em 2007, engravidei. Durante a gestação tive eclâmpsia, mas graças a Deus, com todo cuidado, tive uma bebê saudável. Dizem que uma gestação nunca é igual a outra, eu posso provar. Na segunda gestação, não tive eclâmpsia, porém o primeiro ultrassom constatou que meu filho tinha líquido na nuca em excesso. Por causa disso, ele seria uma criança especial ou até mesmo viveria em estado vegetativo. No entanto, no próximo ultrassom, o milagre aconteceu. Meu filho foi curado ainda no ventre. Hoje, com 8 anos, ele é perfeito. Nesse processo pelo qual passei, aprendi que apenas pessoas escolhidas têm o privilégio de terem filhos especiais.

Minha filha sofreu *bullying* desde os 10 anos e passou por crises de ansiedade. Fazia cortes pelo corpo, sentia desejos de morte. Quando descobri, ela já estava no fundo do poço, com depressão profunda. Como das outras vezes, decidi crer que eu não estava sozinha. E, mais uma vez, o Senhor vem e faz o milagre. Hoje, ela é a cura para outras adolescentes.

Desenvolvimento e crescimento profissional

Enfim, meu primeiro emprego em um escritório contábil. O salário quase não pagava as despesas dos estudos, então me inscrevi e ganhei uma bolsa; em troca, prestava serviço voluntário em uma casa de repouso. Terminei a faculdade de Ciências Contábeis em setembro de 2006 e, em dezembro daquele mesmo ano, engravidei. Sofri muito no trabalho, pois meu patrão não gostou da ideia de ter uma funcionária gestante e me mandava fazer trabalhos na rua (sob chuva e sol).

A partir do 5º mês de gestação, fui afastada. Foram meses de muito repouso, pois corria risco de elevar a pressão arterial e o bebê nascer antes do prazo. Pedi demissão em 2008 e continuei apenas com o escritório de contabilidade no qual tinha sociedade com uma amiga. Depois de um certo tempo, vendi minha parte a ela. Foram 12 anos de experiência na área contábil.

Quando minha filha estava com 2 anos, comprei uma academia de musculação, da qual eu e meu esposo éramos sócios. Contratei professores para passar os treinos aos alunos, abria pela manhã e fechava meia-noite, então se tornou muito desgastante, com a filha pequena; decidimos vender. Ainda assim não desisti, não queria ficar sem trabalho, não me via dependente do meu esposo financeiramente, sem ganho algum. Comecei, então, como manicure, atendendo em domicílio. Até que ajeitei um quartinho em minha casa para atender minhas clientes, então recebi um convite para trabalhar em um salão de beleza próximo e aceitei.

Foi aí que tive certeza de que realmente essa era a profissão que eu sempre sonhei e passei a entender que não teria problema algum eu ter feito faculdade de contabilidade e querer mudar a área de atuação. Tudo o que aprendi continuaria guardado. Embarquei no universo da beleza capilar, começando por um curso básico. Fui muito criticada; pessoas que nunca imaginei me criticaram por eu ter mudado a direção completamente. Mas não deixei que isso me abalasse. Fiz a transição de carreira. Todas as críticas que recebi me ajudaram e me motivaram a correr atrás daquilo que eu realmente desejava conquistar.

Sou cabeleireira há quatorze anos, porém tenho meu salão há doze anos, em que trabalho sozinha por opção, pois meu foco são as minhas clientes. Atendo de forma personalizada. Cada cliente tem seu momento individual e único. Elas amam esse diferencial. Muitas vezes, apenas ouvir já deixa o outro feliz. Existe uma carência de pessoas que queiram parar para ouvir, abraçar ou simplesmente dizer "Estou aqui", por isso prezo por atendê-las individualmente.

Sou realizada nessa profissão, pois, além de elevar a autoestima, sirvo o outro de alguma forma. Não é apenas sobre cabelos, é algo que vai além do coração, da alma.

Há cinco anos, senti a necessidade de buscar mais, pois, se acontecesse algo errado com o cabelo de uma cliente, eu não sabia como resolver; sentia medo, insegurança. Então, saí da minha zona de conforto e fui buscar aperfeiçoamento na área da beleza e assim continuo, pois sou uma eterna estudante.

Sou especialista em Colorimetria e Cosmetologia, com foco em tratamento e nutrição Capilar. Além de trabalhar em meu salão, presto serviços em uma escola para cabeleireiros como professora, faço transferência de conteúdo on-line e sou tutora, dando suporte em uma plataforma com mais de oitocentos alunos.

Há três anos, entrei em um grande desafio com meu esposo: empreender um negócio de alimentos. Porém, além de não termos experiência nesse ramo, teríamos que recomeçar. As pessoas que empreendiam decidiram sair e abrir seu próprio negócio. Ficamos sem funcionários, com poucos clientes, apenas com o espaço e o maquinário. E juntos decidimos acreditar.

No início, foi muito difícil. Passamos por momentos em que muitas vezes tivemos vontade de desistir, pois, quando começamos, todo trabalho braçal éramos nós que fazíamos. Hoje, temos nossos funcionários, gerando renda para outras famílias. Iniciamos com um cardápio apenas com frango assado e salada, mas já expandimos e oferecemos também uma grande variedade de carnes assadas e acompanhamentos. A empresa funciona sábados e domingos e lá eu trabalho na área Administrativa e Financeira. Com perseverança e persistência, conseguimos reerguer a empresa. Hoje, eu trabalho na área da beleza, da educação e alimentícia.

Meus métodos

Criei sete métodos que me serviram de base, me impulsionaram e me motivaram a não desistir daquilo que eu realmente queria conquistar.

- **Sair da zona de conforto:** ficar estagnado não é uma opção para quem deseja avançar. Portanto, sair da minha zona de conforto, romper ciclos, mudar de vida e buscar minha melhor versão foi a virada de chave para o alcance dos meus objetivos.
- **Ser resiliente:** transformar as críticas em degraus e ir em busca do conhecimento, aprofundar-me nos estudos, não parar de acreditar foi o que me fez conseguir elevar o nível. Ser resiliente é o fator mais importante para eu ter conseguido transformar meus próprios erros e as críticas alheias em degraus para obter o sucesso, pois, além de superar os obstáculos, a resiliência ensina a aprender e crescer com eles.
- **Posicionar-se em Cristo:** quando me posicionei, entendi que tempestades e dificuldades são sinônimas da presença de Deus. Para que haja um movimento no céu a meu favor, é fundamental que eu tenha atitude e foi dessa maneira que Deus mudou minha história, trazendo a cura para tudo aquilo que me tornava incapaz, resgatando e moldando meu caráter. A partir do momento que me posicionei em Cristo, foi que consegui tomar decisões com direcionamento.
- **Aceitar o processo:** o processo tem a ver com o que eu quero ser e aonde eu quero chegar. Quanto mais alto o lugar que eu desejo estar, maior o nível de sustentação que terei que construir em mim sobre aquilo que desejo alcançar. Hoje, posso dizer que sou curada para curar, porque, através dos processos pelos quais passei em minha trajetória de vida, até aqui cheguei ao propósito em que Deus me colocou para

ajudar aquele que estiver passando pelo mesmo processo em que eu já estive, seja pessoal ou seja profissional. Permita--se viver o processo, sendo perseverante e crendo que o Senhor é quem lhe capacita para enfrentar cada obstáculo com coragem e esperança.

- **Persistir não desistir:** normalmente, já no início ou meio do caminho passamos por momentos difíceis, dolorosos; portanto, é preciso ter disciplina para não desistir. A persistência e a constância foram o que me encorajaram a passar pelos processos e não desistir.
- **Viver o propósito:** aonde eu quero chegar? O propósito é justamente onde eu desejo chegar. Porém, precisa haver um *start* da minha parte; preciso ter um propósito que direcione minha carreira ao sucesso. Eu me tornei uma profissional mais motivada e satisfeita quando meu propósito foi definido. Foi no propósito que passei a viver as promessas de Deus para minha vida.
- **Cumprir a promessa:** é viver o propósito com fé para o alcance de grandes conquistas. No momento em que as promessas de Deus se cumpriram em minha vida, passei a servir e fazer tudo com amor, independentemente do que for, seja no trabalho, seja com o próximo, seja na família.

Muitos acreditam no sucesso repentino e fácil, lucro rápido, comprados através da internet, porém esse sucesso não vem do alto; ele é vazio, passageiro. O alcance do sucesso real demanda tempo e o mais importante é Deus ser parte do início ao fim nesse processo. O Senhor tem um plano de sucesso traçado para cada um de nós, basta seguirmos, pois, quando seguimos, garantimos não somente o sucesso real como também a prosperidade.

Prosperidade é a capacidade de criar resultados positivos no ambiente em que eu me encontro, com as ferramentas e recursos que eu tenho, porém com sabedoria.

Faça da resiliência uma base sólida a seu favor e você transformará momentos difíceis em grandes oportunidades para conquistar o sucesso. Se a minha história de vida se conecta de alguma forma com a sua, entre em contato comigo através das minhas redes sociais, para que juntos possamos elevar o nível.

> “Quando a dor passar, Deus usará a sua dor para curar outras feridas. Curada para curar.”

Josi Ferreira

Jozélia Raupp

Sou Jozélia Raupp Ribeiro, natural de Ibema/PR. Formada no Magistério, atuei como professora por um curto período. Depois disso, mergulhei no empreendedorismo e já são mais de vinte anos. Resido há muitos anos em Curitiba/PR.

Empresária, cristã, esposa, mãe de três lindos filhos, graduanda em Direito na Universidade Tuiuti do Paraná. Adquiri experiências em diversos ramos, tais como importação, hotelaria, estética e atualmente trabalho no ramo de certificação digital, afiliada à maior empresa de tecnologia do mundo.

No meu trabalho, sou a solução para as empresas e pessoas e quero também ser a inspiração para que aprendam a ressignificar suas vidas. Superei grandes obstáculos por meio da ressignificação, do autoconhecimento, da persistência e de um desejo ardente de fazer e ser a diferença na vida das pessoas.

jozeliaraupp

+55 (41) 99840-2331

jozeliaraupp

jozelia_19@hotmail.com

17

A IMPORTÂNCIA DE RESSIGNIFICAR

Por Jozélia Raupp

É com imensa alegria que dou as boas-vindas a você nesta jornada transformadora em *Negociando com o sucesso*. Neste capítulo, intitulado "A importância de ressignificar", você está dando um passo importante em direção ao autoconhecimento, à evolução pessoal e à descoberta de um novo olhar sobre as experiências que moldaram sua vida.

Ressignificar é um termo que, embora possa parecer técnico à primeira vista, é algo que todos nós já vivenciamos, mesmo que de maneira inconsciente. Ao revisitarmos experiências que nos marcaram, temos a oportunidade de reinterpretá-las, de lhes atribuir um novo significado que nos fortaleça e que nos permita seguir em frente com leveza e motivação. Ao entender o ato de ressignificar, você não só reconhecerá suas potencialidades, mas também verá que é possível transformar feridas em aprendizado e obstáculos em oportunidades.

Sabemos que no mundo atual, onde somos constantemente bombardeados por informações e expectativas, ressignificar as experiências pode ser a chave que nos permitirá se destacar em meio ao caos. Nossas experiências de vida são repletas de lições todos os dias e a importância da ressignificação pode se tornar parte fundamental da sua trajetória, ajudando a transformar desafios em conquistas e medos em força.

Aprender a ressignificar não apenas libera o peso das experiências negativas, mas abre portas para novas oportunidades e motivações, criando um ciclo virtuoso de transformação e realização.

Considere, por exemplo, a minha história, em que enfrentei um término doloroso de um relacionamento de longa data, mais de dezesseis anos casada e com três lindos filhos. Além da parte pessoal, éramos empresários consolidados no mercado nacional. Um abalo geral tanto pessoal, quanto emocional e principalmente profissional, pois foram anos de dedicação e empenho na empresa, e largar tudo para trás e recomeçar exige muita coragem.

Encarei de frente os piores obstáculos que possam imaginar, desde mudar de cidade, recomeçar profissionalmente, duas longas brigas judiciais pela guarda dos filhos, com duração de seis anos, até a conclusão do processo. Muito desgastante emocionalmente; um abalo psicológico que acaba atingindo a todos e que deixam marcas, muitas delas irreparáveis. E com muita coragem, fé em Deus, força e determinação, enfrentei todas as dificuldades e obstáculos. Não foram anos fáceis, tive que aprender o verdadeiro significado de resiliência, fé e paciência e, principalmente, aprender a recomeçar e ressignificar.

Hoje, reflito sobre os momentos vividos e percebo que tantas experiências, embora tenham dolorosas, trouxeram lições valiosas. Redirecionei minha vida para caminhos que nunca teria explorado se não tivesse passado por tudo que encarei, adquiri conhecimento em novas áreas profissionais que me levaram a muita maturidade e aprendizado, novos sonhos, novos projetos de vida, novas realizações.

Cada vivência, cada desafio superado – enxergá-los sob uma nova perspectiva se torna um convite para nos reerguermos de formas que não imaginamos. Ao contarmos nossas histórias, nossas experiências e nossas superações, acabamos criando um espaço para que outros vejam a possibilidade de transformação em suas próprias vidas.

A importância de ressignificar vai além da simples adaptação às circunstâncias da vida. É um catalisador para o crescimento emocional e pessoal, uma janela através da qual podemos visualizar novos horizontes, em vez de nos restringirmos a um espaço opressivo de limitações, permitindo que olhemos para nossas experiências – especialmente aquelas que nos causaram dor – sob uma luz diferente e, principalmente, reconhecendo que até mesmo as dificuldades carregam aprendizados valiosos.

Por exemplo, em vez de ver um momento de falha como um ponto final, podemos transformá-lo em um ponto de partida para novas oportunidades. Essa prática é uma ferramenta poderosa que pode ser aplicada em várias esferas da vida, tanto no âmbito profissional, nas relações pessoais, como na saúde emocional. Assim como eu aprendi novas habilidades ao me deparar com desafios e obstáculos inesperados e, ao final, acabei tendo a chance de me reinventar profissionalmente.

Eu me aprofundei inclusive em autoconhecimento; aprendi a autoaceitação, a me valorizar e me amar em primeiro lugar. E isso não é egoísmo, todos precisamos nos amar primeiramente para que possamos ser amados; precisamos ajustar nossas expectativas com as necessidades emocionais mais autênticas. O sofrimento pode, assim, se transmutar em autodescoberta.

A verdadeira mudança começa com a decisão de querer ressignificar, fazer e ser a diferença, seja no âmbito pessoal ou seja profissional, abraçando as oportunidades que a vida oferece sempre que a adversidade se apresenta, pois a força reside em aprender cada dia mais e ensinar que a trajetória desafiadora pode, de fato, moldar não apenas quem somos, mas o que podemos nos tornar.

Permita-se ressignificar não apenas as dificuldades, mas também os momentos de alegria, gratidão e aprendizado. Vivemos em um mundo dinâmico, onde as informações e as práticas de sucesso mudam rapidamente. Cinquentei na universidade, no meu sonho antigo de Direito, para ser uma grande e renomada advogada. E hoje é essencial para atingir meu maior sonho que é ser deputada estadual, para fazer a diferença na vida das pessoas e no meu país, pois nunca é tarde para aqueles que se dispõem a aprender, a não desistir com as derrotas e sim persistir na trajetória, uma vez a jornada pode ser longa, mas não impossível.

Para muitos, já sou vitoriosa pela coragem de encarar desafios grandes como estes e ser uma empresária de destaque, pois no meu trabalho sou a solução para os empresários e estou sempre ganhando premiações no meu ramo.

Sucesso para mim não se trata apenas de atingir um objetivo, mas de se tornar alguém que evolui através da jornada. É essa disposição em aprender com cada experiência que molda nosso caráter e define o que consideramos como sucesso. Lembre-se de que cada desafio é uma oportunidade e cada queda é um convite para se levantar ainda mais forte. O aprendizado nunca acaba, sempre estamos constantemente negociando com o sucesso, pois é um percurso repleto de voltas, reviravoltas e surpresas, uma verdadeira jornada contínua, jamais um ponto final.

Para várias pessoas, sucesso é sinônimo de riqueza, fama; enquanto para outros, sucesso pode representar a paz de espírito, após o fim de uma disputa judicial pela guarda. Sucesso é também a realização de objetivos pessoais.

Vivemos em um mundo onde sonhar é livre, mas poucos realmente têm a coragem de transformar esses sonhos em realidade por medo de encarar desafios ou sair da zona de conforto, mas, quando colocamos metas, enfatizamos que não se trata de um ponto final a ser alcançado e sim de um caminho a ser percorrido. Ao fazer decisões e ajustes conscientes em definitiva trajetória, você assume o controle do seu futuro. As mudanças e os desafios não precisam mais ser vistos como obstáculos, mas como oportunidades de reescrevermos nossa história. A prática do aprendizado contínuo deve ser ativamente cultivada, reforçando não apenas sua capacidade de crescer em sua área, mas também construindo algo para inspirar outras pessoas, pois, ao fazer do aprendizado um estilo de vida, você não apenas programa seu cérebro para o sucesso, mas também semeia bases para um futuro repleto de conquistas.

A persistência é um ativo valioso em qualquer jornada rumo ao sucesso. Ela se entrelaça com a autodisciplina e forma um pilar fundamental que sustenta o caminho das pessoas que não se deixam abater pelos obstáculos, adaptando-se às adversidades e mantendo a visão clara de nossos propósitos. Integrar a autodisciplina e a persistência na vida cotidiana é um dos passos mais significativos que você pode tomar em sua jornada para o sucesso, pois é um caminho que requer esforço e comprometimento, mas os resultados são, sem dúvida, recompensadores. Observe como, pouco a pouco, você começa a moldar uma realidade que reflete suas aspirações mais profundas. Afinal, cada passo que você dá é para transformar o impossível em realidade. E essa transformação começa agora no presente, quando você assume o controle do seu destino.

Compartilhar histórias de sucesso e superação pode ser um poderoso incentivo para aqueles que ainda hesitam em dar o primeiro passo. Nossas vivências têm o poder de contagiar com o sentimento de que, juntos, podemos alcançar mais do que sozinhos. Desse modo, cada um de nós se torna um agente de mudança, apto a impactar vidas e construir um legado duradouro para as próximas gerações, pois as contribuições modestamente realizadas na escalada da vida refletem profundamente em quem somos e naquilo que deixamos para o mundo.

Quando recebo um troféu pelo reconhecimento da nossa empresa no mercado de trabalho, seja nacional ou seja estadual, ele representa e reflete todo um trabalho de muita dedicação, empenho, conhecimento, persistência, segurança e confiança no nosso profissionalismo, pois significa que somos os melhores na nossa área. E receber esses reconhecimentos (troféus) por vários anos consecutivos é um resultado da conquista do sucesso e sinal de que devemos cada vez mais continuarmos a evoluir em busca de novos conhecimentos e novos avanços, estar cada vez mais conquistando o sucesso e fazendo a diferença na vida das pessoas.

A sua história está sendo escrita e você é o autor dessa obra-prima chamada vida. O que você fará a seguir? Encare de frente e faça acontecer. Se eu consegui, você também conseguirá.

Cada um de nós possui a capacidade inerente de moldar seu destino e vivenciar vidas plenas e significativas. A palavra "sucesso" pode ter milhares de definições e a verdadeira beleza reside no fato de que você, e somente você, tem o poder de descobrir o que ela representa na sua vida.

Encorajo e convido você, assim como eu, continuar a lutar pelos seus sonhos, com determinação, autodisciplina, persistência, fé e principalmente a aprender a importância de ressignificar.

“Abandone os seus medos, abrace a incerteza e dê o primeiro passo. Ninguém e nenhum obstáculo é maior e melhor do que você, somente Deus.”

Jozélia Raupp

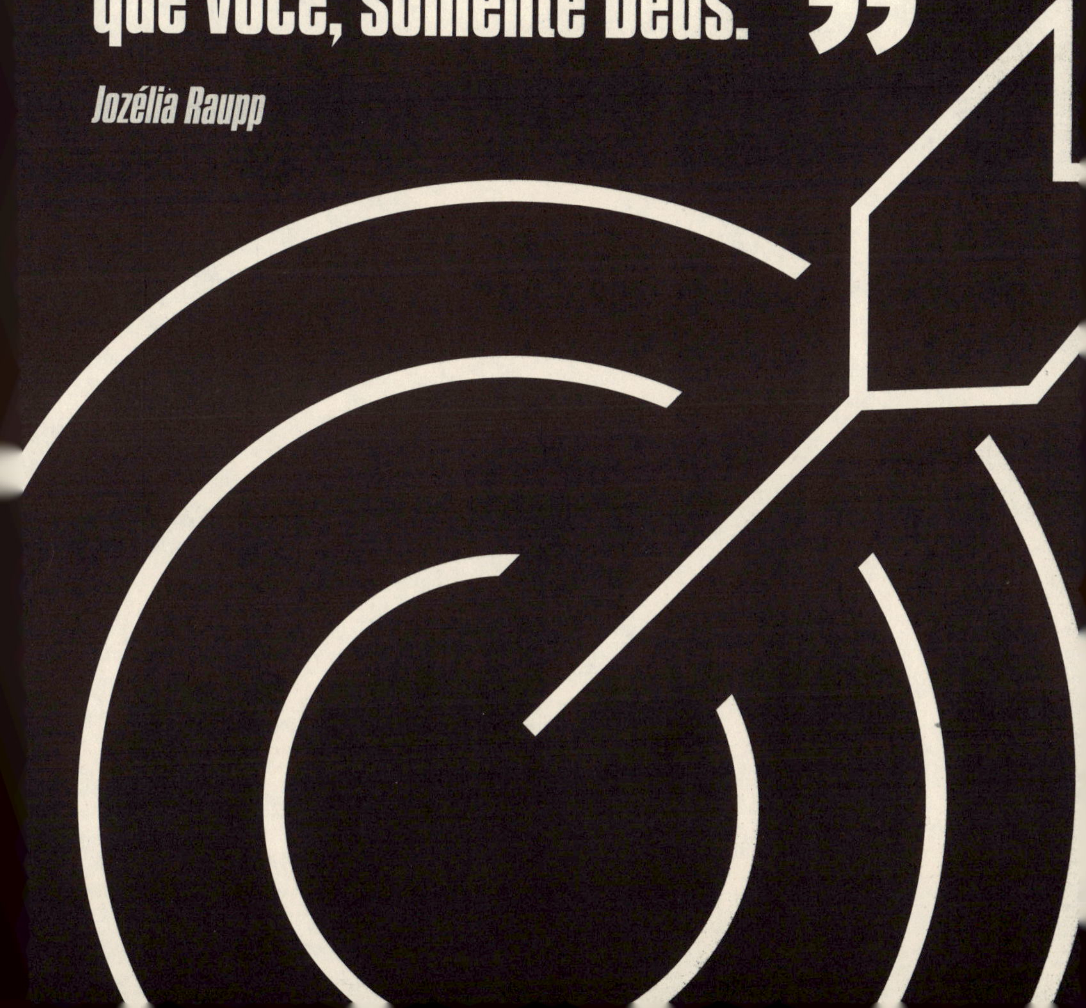

Juliana Guse

Sou Juliana Guse, natural de Irati/PR e aqui resido com minha família, meu marido Valdemar Guse e minha filha Yasmin Carolina Guse.

Sou *chef* confeiteira há seis anos e ministro cursos na área da confeitaria há dois anos. Tenho mais de quinhentas alunas em meus cursos presenciais e on-line e hoje tenho um ateliê de confeitaria dos sonhos e centenas de seguidores nas minhas redes sociais.

Mas minha história não foi sempre assim. Tive que enfrentar muitos desafios e obstáculos na minha trajetória para chegar até aqui. Hoje, sou a prova que, sim, é possível ter a vida transformada por meio da confeitaria, e agora posso dizer que vivo um propósito de Deus para minha vida, que é ser instrumento dEle para transformar vidas através da confeitaria e inspirar mulheres a seguirem seus sonhos.

chefjulianaguse

NEGOCIANDO
COM O SUCESSO

18

CONFEITARIA COM PROPÓSITO

Por Juliana Guse

Antes de você nascer, Deus já escreveu a sua história. Eu acredito muito que todos nós nascemos com um propósito de vida e, antes mesmo de eu ter nascido Deus, já sabia que tudo isso ia acontecer comigo, e que história incrível e inspiradora! Eu até me emociono enquanto escrevo; espero que a minha história lhe inspire e lhe faça acreditar que tudo é possível para Deus e que ele vai transformar sua vida de forma extraordinária, assim como transformou a minha.

Juliana, nascida no interior de Irati, em uma casa humilde, de chão de terra, de pais humildes e agricultores, que cresceu no meio da roça sem muita perspectiva de futuro, sempre queimada pelo sol e cheia de picadas de mosquitos, que subia em árvores e brincava com o que achava na natureza e com as latas de azeite vazias – essa era eu. Para poder frequentar a escola, eu tive que morar de segunda à sexta com meus avós, porque onde meus pais moravam não tinha ônibus e era muito longe para ir a pé – assim eu crescia. Muito cedo, antes dos 9 anos, eu já trabalhava na roça, ajudando os meus pais na colheita do fumo. A vida não era fácil, mas Deus já tinha escrito a minha história.

E sabe como a confeitaria entrou na minha vida? Com 11 anos, eu fiz um bolo de chocolate escondido da minha mãe, assei no forno do fogão à lenha, mas deu tudo errado, ficou duro demais, que nem meu cachorro quis comer, e no final da história tive que enterrar atrás do paiol para minha mãe não descobrir. Um tempo depois, fiz novamente e deu errado de novo. Sinceramente, eu poderia ter me frustrado e desistido, não é mesmo? Aliás, era a segunda vez e tinha dado errado, mas lembra que Deus já tinha escrito a minha história? Depois de um tempo, com a autorização da minha mãe, eu tentei de novo e de novo e todas as vezes eu consegui, eu estava muito feliz. Mas ainda era pouco para mim.

Com 16 anos, eu, minha irmã e meus pais viemos morar na cidade e aqui poderíamos dizer que as coisas seriam mais fáceis para mim, porque vou ser sincera. Aquela vida na roça não estava nada fácil, aqui eu poderia estudar mais tranquila, fazer uma graduação. Foi um passo incrível dos meus pais para o meu futuro.

Com 17 anos, eu conheci meu marido e, com 19 anos, nos casamos. Nesse período, eu estava trabalhando como funcionária em um posto de combustíveis, porém, com seis meses de casada, eu fui demitida. Juro, fiquei arrasada, eu amava o meu emprego e estava começando a minha vida em família. Eu me preocupei muito com essa situação, mas se lhe fecham uma porta, Deus vem e abre uma janela, não é mesmo? E posso dizer que foi isso que aconteceu. Nessa época, jamais imaginei que era a última vez que eu seria funcionária de alguém, e sabe por quê? Em breve eu lhe conto.

Apenas três meses depois que perdi meu trabalho, meu marido adquiriu o minimercado do meu sogro que estava se aposentando e me convidou para ajudá-lo e eu fui. Pouco tempo depois, meu esposo me incentivou a fazer uma graduação, porque ele sempre estudou e queria muito que eu também tivesse uma profissão. Eu só tinha o Ensino Médio, porém, quando fui pesquisar algum curso para fazer, eu não me identifiquei com nada. Até que em um momento eu descobri um curso novo e fiquei muito interessada, era uma graduação em Gastronomia. Pensei: "É esse o curso que eu vou fazer" e fiz. Meu marido me ajudou e pagou o curso para mim. E enquanto eu estudava, também o ajudava no minimercado.

Quando eu estava finalizando o curso, eu me tornei mãe – minha Yasmin nasceu – e agora eu tinha ainda mais desafios: eu tinha uma vida em minhas mãos e precisava fazer algo além para gerar mais renda e ajudar minha família de alguma forma.

A graduação foi incrível, e sabe o mais interessante? Tinha um módulo de Confeitaria, que foi a parte que eu mais amei do curso, pois, durante toda a minha adolescência até esse momento, eu sempre gostei de fazer bolos para a família. Sempre que tinha um aniversário, era eu que fazia o bolo. Antes de a minha filha nascer, eu até fazia bolo no pote e levava para minha mãe vender para mim, no pesk pague que meus pais tinham, para ter uma renda extra e me sentir útil. Porém, eu fazia de vez em quando, mas teve um momento que eu comecei de verdade e aí que as coisas mudaram.

No Carnaval de 2019, eu tive um "clique" na mente – eu digo que foi um sopro de Deus – e senti que eu deveria fazer uns bolos recheados para vender e, claro, aproveitei os fundos do minimercado do meu esposo para fazer isso. Fiz dois bolos de ouro branco e vendi um deles somente, uma vizinha comprou, porém ela gostou muito e acabou contando e indicando para todos os vizinhos do bairro. Eu comecei a fazer bolos todos os finais de semana e cada vez mais, sempre vendendo praticamente tudo. Eu estava muito feliz e realizada e jamais imaginei a proporção que a confeitaria iria tomar na minha vida.

Um tempo depois, com o lucro dos bolos, consegui fazer alguns cursos para me aprimorar e fui melhorando a cada dia. Porém, veio a pandemia e minha filha, que antes ia para a creche para que eu pudesse trabalhar, teve que ficar comigo. Eu trabalhava e cuidava dela ao mesmo tempo e ainda ajudava meu marido no minimercado. Minha vida estava uma loucura, mas eu estava feliz. E deixe eu lhe contar que a pandemia foi incrível para o meu negócio: eu cresci muito, minhas vendas de bolos e doces triplicaram, eu contratei a primeira funcionária, depois a segunda e, de repente, eu era a "patroa". Como o mundo dá voltas, não é? Logo eu que fui demitida, agora tinha minhas funcionárias. Tive que adquirir equipamentos, panelas mexedoras, mais batedeiras e forno e meu marido me ajudou nisso, então ampliei meu local de trabalho e agora eu tinha minha confeitaria ao lado do minimercado. Foi um sonho para mim, meus bolos estavam cada dia mais lindos, eu tinha *delivery* e muito muito trabalho. A pandemia estava acabando e confesso que eu estava muito cansada. Muitas vezes, eu passava a noite toda trabalhando para dar conta de tudo. E algumas das minhas funcionárias não vinham trabalhar e eu, que já trabalhava dobrado, ainda virava a noite e o que era para ser muito incrível estava acabando comigo.

No fim de 2022, eu posso dizer que eu conheci verdadeiramente Jesus e voltei para a igreja, graças a uma amiga usada por Deus. Ela me falou várias vezes sobre propósito e eu pensava: "Será que tudo isso que eu estou fazendo é realmente o meu propósito? Eu gosto disso, mas parece que falta algo, não me sinto completa como deveria".

Na virada de 2022 para 2023, eu senti dentro de mim que algo iria mudar. Coloquei Deus no comando da minha vida; eu precisava entender qual era verdadeiramente o meu propósito. Já no início do ano, eu recebi uma ligação do Senac me convidando para ministrar um curso de confeitaria e eu disse "sim". Eu não sabia como iria fazer aquele curso, mas Deus iria me ajudar. Eram duas semanas de curso para vinte alunos. Eu brinco que dei aquele curso tremendo em todos aqueles dias, mas foi a coisa mais incrível que eu fiz. E, durante aquele curso, Deus me mostrou o meu propósito e eu entendi que era aquilo que faltava na minha vida: eu não iria só fazer bolos e doces, eu iria transformar vidas com o meu conhecimento. Mas me deixa continuar a minha história, porque ela não parou aqui. Nesse mesmo ano, por mais alguns meses, eu trabalhei na minha confeitaria. Deus me deu a maior Páscoa da minha história de confeiteira e eu não precisei ficar uma noite se quer sem dormir; foi incrível. Em junho, eu decidi fechar meu espaço para começar algo novo, para viver o meu propósito. Em agosto, comecei a construir meu ateliê dos sonhos, ao lado da minha casa, com a ajuda do meu marido. Em dezembro, eu estava trabalhando no meu ateliê novo e, claro, ensinando muitas mulheres.

E 2024 veio para me mostrar que Deus escreveu a minha história de forma perfeita e que ter sucesso vai muito além de recursos financeiros; é realizar sonhos, é ter a família ao seu lado lhe apoiando, é ser reconhecida pelo que você faz, é ser inspiração para muitas pessoas e, claro, transformar vidas por meio da confeitaria.

Eu realizei tantos sonhos, muito além do que eu poderia imaginar. Participei pela primeira vez da maior feira de confeitaria da América Latina, a Mara Cakes Fair, fui embaixadora do Confeita Curitiba, realizei cursos que sempre sonhei com uma das confeiteiras mais renomadas do Brasil, participei de programas de TV, recebi várias premiações, criei cursos on-line, contei minha história em várias revistas nacionais, fiz parcerias com as maiores empresas de confeitaria do Brasil e hoje tenho mais de quinhentas alunas nos meus cursos presenciais e on-line.

Hoje, eu paro e penso: "Que bom que eu não desisti lá quando eu tinha 11 anos e meus bolos deram errado, que bom que eu fui demitida, que bom que eu resolvi fazer a faculdade de Gastronomia, que bom que eu tive um marido que me apoiou em tudo, que bom que eu resolvi vender aquele bolo de ouro branco, que bom que mesmo nas dificuldades eu persisti e continuei firme. Valeu a pena, tudo isso me fez chegar até aqui hoje".

Hoje, tenho alunas que trabalham e vivem exclusivamente da confeitaria e que evoluíram muito depois dos meus cursos; tenho alunas que fizeram os cursos só por *hobby* e descobriram uma paixão por esse mundo da confeitaria e hoje trabalham na área e fazem produtos incríveis, alunas que hoje podem trabalhar em casa, ficar perto dos filhos e ter mais liberdade graças à confeitaria. E como me orgulho em dizer que faço parte da transformação da vida delas e que o meu propósito vem transformando vidas.

Quando eu tinha 8 anos, alguém me disse que eu não ia ser nada na vida e eu nunca esqueci o que aquela pessoa disse. Posso dizer que usei essa frase que me falaram como combustível para o meu sucesso, e posso lhe dizer com toda a certeza: Deus já escreveu a minha história, então nada e nem ninguém será capaz de mudar isso. Deus é fiel e Ele honra seus filhos!

“Sucesso não tem a ver com dinheiro, é muito mais que isso. É como você usa seu propósito para transformar vidas.”

Juliana Guse

Marily Gusmão

Comecei a trabalhar aos 14 anos como faxineira, vendedora e feirante. Após alguns anos de trabalho e dedicação, assumi a gerência de algumas empresas em que tive a oportunidade de ganhar experiências como gestora, mas acredite: não foi fácil chegar até aqui. Por medo de errar e de ser julgada, passei anos sem avançar; é como se eu estivesse me escondendo dentro de um casulo. Quando decidir dar um basta e parar de me esconder, iniciei o meu processo de autodescoberta por meio dos estudos.

Foi de fato um processo em que aprendi arrancar camada por camada; em que percebi que, a cada camada arrancada, eu eliminava traumas e bloqueios emocionais que me impediam de avançar e construir a minha identidade e meus valores alinhado aos valores e propósito de Deus.

marilygusmao

+55 (19) 99251-9480

ly.gusmao@gmail.com

NEGOCIANDO
COM O SUCESSO

19

PROPÓSITO EM VENDAS: IMPACTANDO ALÉM DOS NÚMEROS

Por Marily Gusmão

Este livro foi desenvolvido especialmente para gestores, vendedores e principalmente líderes de família que desejam crescer profissionalmente ao lado da família, alinhado aos seus valores. Há 25 anos no mercado varejista, aprendi a lidar com todo o tipo de pessoa. Principalmente, aprendi a conhecer e controlar minhas emoções. Quando você não tem controle das emoções, você é controlada pelas pessoas, pelo sistema e por uma sociedade que tenta rotular a todo momento. A grande maioria da população não conhece a si mesma e, quando não nos conhecemos, nos permitimos viver condicionado a um sistema e a uma sociedade manipuladora, de modo que nos tornamos zumbis alienados por uma sociedade doente. Isso acontece porque entregamos nas mãos do sistema o poder sobre nós

Eu lhe pergunto: que legado você deseja deixar para seus filhos e netos? Você deve estar se perguntando: "E como eu vou mudar o mundo?". Sendo uma pessoa e um profissional melhor, construindo uma família e uma empresa baseada nos valores de Deus.

Em um momento da minha vida, passei por dificuldades. Entrei em crises após o falecimento da minha mãe. Dispensei clientes e projetos. Voltei novamente para dentro do meu casulo. Não tinha forças para cuidar da minha família e do meu irmão Fernando, que é especial. Um dos projetos colocados na gaveta foi a escrita deste capítulo. Ele ficou na gaveta quase quatro anos. Para mim, não fazia mais sentido publicar um livro sobre valores e propósito, sendo eu que estava insegura.

Após crises constantes, passei a fazer terapias, atividades físicas e cuidar do meu espiritual. Passei a me mover novamente, indo a eventos para resgatar a minha vida social. Foi quando voltei a receber convites de trabalhos e novos projetos. No entanto, com o passar do tempo, passei a me questionar se fazia sentido eu fazer negócios com empresários e profissionais que levam uma vida baseada apenas em números. Comecei a me perguntar se realmente valeria a pena deixar a família para realizar horas de um trabalho não alinhado ao meu propósito de vida. Assim, passei a recusar excelentes propostas de trabalho.

Hoje, para mim não faz sentido trabalhar pelo dinheiro. Afinal, a vida tem me ensinado que a construção dos meus valores e o meu propósito estão diretamente ligados ao meu lado profissional. É impossível eu construir uma empresa de sucesso sem ela estar atrelada aos meus valores; é impossível eu me tornar uma profissional de sucesso, um vendedor de sucesso, sem construir uma identidade baseada nos valores e no propósito de Deus. Ao tirar um ano sabático para estudar as Escrituras, entendi que não basta ter ótimos projetos se eu não estiver aprendendo constantemente a viver de acordo com a vontade de Deus. Em algum momento da nossa vida, vamos ter sérios problemas. Em Provérbios 22:10, é dito: "A boa fama vale mais que grandes riquezas; a boa reputação vale mais que a prata e o ouro".

O meu sucesso e o seu sucesso dependem de como nos relacionamos com as pessoas. Afinal, vender não é sobre lucro; vender é sobre servir o próximo. E, à medida que eu sirvo, os resultados acontecem. Romanos 12:7 diz que, se é o nosso dom é servir, então vamos servir; se é o de ensinar, então ensinemos; se é o dom de animar, então animemos.

Definindo a nossa existência

Desenvolvi meu próprio método de treinamento para gestores, empreendedores, líderes e equipe de vendas, que realmente sentem no fundo do seu coração que podem fazer a diferença na vida das pessoas, construir uma família e uma empresa baseadas nos valores de Deus. E eu posso ajudá-los a construir uma relação de valor com seu cliente, de modo que colaboradores e vendedores se tornem pessoas e profissional ainda melhores. O meu propósito com este capítulo é ajudar você como ser humano e como profissional. Mas, acima de tudo, quero ajudar você a se conhecer e a se conectar com você mesmo, que de alguma forma ainda está preso dentro do seu próprio casulo.

Tomei a decisão mais importante da minha vida e a mais assertiva de todas e que vinha ignorando há anos, que era ouvir o chamado de Deus viver baseado nos Seus valores. Foi quando eu identifiquei que o meu *slogan* – Deus, família e trabalho – estava totalmente equivocado. Eu sempre falei que colocava Deus em primeiro lugar na minha vida. Na verdade, eu estava mentindo para mim mesma. Eu me peguei, por diversas vezes, tomando decisões importantes na vida, sem entender os valores de Deus.

Em Gênesis, é dito que somos à imagem e semelhança de Deus, mas para isso precisamos construir a nossa identidade baseada em Seus valores, de modo que possamos fazer escolhas e tomar decisões com base neles. Quando passei a estudar as Escrituras, comecei a sentir a presença do Espírito Santo em minha vida e a ouvir Ele falar comigo de tal maneira que era impossível não entender o quanto Deus estava falando comigo por meio das pessoas. Ele falava assim: "Você é boa no que faz e esse é o caminho, mas eu não quero que você faça do seu jeito e sim do meu jeito. Você vai falar sobre negócios e vendas, mas você vai falar sobre negócios e vendas baseados nos valores do seu Pai!". As pessoas não definem a sua existência. É você quem define o que verdadeiramente deseja para sua vida.

Deus falou comigo

"Você vai evangelizar para empreendedores e empresários, de modo que eles entendam que existe um caminho a percorrer para quem deseja construir uma empresa, com um rebanho de ovelhas, com base no meu propósito e para quem deseja construir uma família alinhada aos Meus valores! As pessoas precisam entender que elas têm autoridade para fazer e realizar o que desejam. No entanto, a prosperidade alcançada será através da construção dos seus valores alinhados aos meus princípios". Eu sei, parece loucura e difícil de acreditar, até Deus me fazer pensar que eu precisava tirar um ano sabático para estudar e meditar sobre o que ele tinha para mim.

Os principais erros que as empresas cometem

Há 25 anos no mercado varejista, identifiquei os principais erros que as empresas e os gestores cometem e, principalmente, os erros que cometi – como, por exemplo: perder excelentes profissionais por falta de reconhecimento e remuneração baixa, ser gestor centralizador e enxergar os colaboradores apenas como números.

Os erros fazem parte do processo de evolução

Trabalhando em diversas empresas, tive a oportunidade de aprender com meus próprios erros. Um grande erro que eu cometi foi querer controlar tudo e a todos a minha volta. Por insegurança de falhar e medo de errar, muitas vezes, achamos que no controle de tudo iremos evitar que a equipe cometa erros. No entanto, com o passar do tempo, entendemos que errar faz parte do processo de evolução e aprendizagem e que somente por meio desses erros teremos a oportunidade de aprender e fazer diferente. A partir desse entendimento, senti que seria necessário ressignificar a minha vida.

"Quem treina no que é ruim se torna não apenas alguém com uma habilidade a mais, mais um ser humano de espírito fortalecido e com brilho especial." (SHINYASHIKI, 2015, p. 2)

Liderar é fazer renúncias e se posicionar

Ressignificar requer mudanças de hábitos, renúncia e posicionamento. E, nessa jornada, através de um estudo bíblico, aprendi que liderar é viver renúncias, é vender sonhos e realização de vida. Enquanto eu via apenas números e metas nas pessoas, Jesus me ensinou que equipe e pessoas são seres humanos e que precisam ser vistos com valor e respeito. Nesse momento, eu entendi que para liderar seria necessário ajudá-los a se desenvolverem profissionalmente, de modo que pudessem entregar valor ao consumidor no momento da negociação.

À medida que eu me aprofundava nos estudos, tive o entendimento e a grandeza de aprender e entender que a equipe de vendas nos traz grandes resultados, a partir do momento em que o líder e a empresa trabalham com valores e propósito. Aprendi que as pessoas não atingiam resultados, muitas vezes, por não terem uma visão clara de para onde estão sendo direcionadas, por não se sentirem valorizadas e, é claro, por estarem passando por problemas pessoais. E posso afirmar que grande parte da solução e dos resultados da equipe acontece quando o líder ajuda a solucionar seus próprios problemas. Algumas pessoas falam que o coração da empresa está no Financeiro. Na realidade, para mim, o coração da empresa está na equipe de Vendas.

Gerir pessoas é sobre você bombear sangue constantemente direto para o coração delas. Sem isso, a equipe enfraquece e, consequentemente, as vendas caem. Pessoas são como um diamante bruto e precisamos lapidar cada um de maneira individual. Afinal, o valor de cada ser é único.

"A maior garantia do sucesso dentro de uma empresa é você ter visão de empresário." (SHINYASHIKI, 2015, p. 2)

Vender é sobre como impactar a vida das pessoas

A partir do momento em que o líder direciona e treina a equipe com propósito nos resultados, as pessoas aprendem que podem construir uma vida com propósito e, consequentemente, o profissional tende a crescer, porque as pessoas começam a enxergar e ter uma visão clara do futuro. Hoje, no meu entendimento, vender é ajudar na realização e na construção dos sonhos dos consumidores e o meu papel como líder e gestora é ensinar e treinar equipes para que ela ajude a realizar isso.

À medida que você ajuda, consequentemente, você realizará seus próprios sonhos também. Após a minha entrega de corpo e alma na construção de equipes de Vendas, passei a ter resultados bem significativos, além de diminuir a quantidade de faltas, demissões e custos para empresa. Liderar e vender com propósito requer renúncia e posicionamento. E foi pensando em ajudar você que eu desenvolvi um *e-book* incrível para presentear meus leitores, o qual ajudará a despertar o que você tem de melhor e o legado que você deseja deixar para as futuras gerações.

Para que você possa refletir e exercitar a construção da sua identidade baseada nos Seus valores e propósito, em Jeremias 29:11 é dito assim: "Porque sou eu que conheço os planos que tenho para vocês, planos de fazê-los prosperar e não de causar dano, planos de dar a vocês esperança e um futuro".

Referência bibliográfica

SHINYASHIKI, R. *A nova lógica do sucesso*. São Paulo: Gente, 2015.

> Vendas não é sobre números, é sobre como impactar a vida das pessoas.

Marily Gusmão

Marlon Reis

Provavelmente, você já deve ter ouvido falar de pessoas que nunca desistem, não é mesmo? Pois bem, eu sou uma dessas pessoas: Marlon Reis, um empreendedor determinado, líder nato, e dedicado a desenvolver e guiar pessoas em direção aos seus objetivos. Ao longo de minha trajetória, o esforço sempre foi minha marca registrada, porque acredito que talento sozinho não basta; afinal, esforço supera talento quando o talento não se dedica.

A fé que carrego me permitiu superar desafios como a depressão, e, desde cedo, aprendi que disciplina e constância são aliadas essenciais na conquista de qualquer objetivo. Escolhi a jornada de ser um eterno aprendiz. E é essa história de coragem, fé e persistência que me trouxe até aqui, e que agora quero compartilhar com você.

marlon_reisr

marlonreisr

NEGOCIANDO
COM O SUCESSO

20

ESFORÇO E DISCIPLINA: NAVEGANDO PELO CAOS RUMO AO SUCESSO

Por Marlon Reis

O que você faria se a vida lhe dissesse que você não é bom o suficiente? Para mim, a resposta seria simples: eu lutaria.

Em 13 de março de 1988, em um povoado chamado Vila Barroso, município de Frutal/MG, com cerca de duzentos habitantes, nasce Marlon Reis. Um garoto que, nem mesmo em sonho, poderia imaginar quantas peças e quantos desafios a vida lhe traria. Vindo de uma família pobre, porém trabalhadora e honesta, tive meus primeiros contatos com a disciplina ao começar meus estudos na 1ª série do primário. Naquela época, a distância até a escola era de aproximadamente 1,5 km e eu fazia esse trajeto em uma bicicleta de cor vermelha que nem sequer freio tinha.

Engraçado que, mesmo sem despertador, eu acordava todos os dias no mesmo horário, pegava minha sacola de cadernos e pedalava até a escola. Ao chegar, a fila de entrada – organizada por ordem de altura – já estava sendo formada. Seriam esses os primeiros traços de disciplina se manifestando?

A disciplina não é apenas um hábito; é a base para enfrentar desafios, pois o verdadeiro progresso é construído na constância.

Meu pai trabalhava na fabricação de tijolos para construção civil, um trabalho árduo que exigia muito esforço físico e muitas madrugadas. Ele abastecia lojas de material de construção na cidade de Frutal. Em 1998, com muita coragem, decidiu abrir um pequeno comércio desses produtos na cidade. Agora, além de produzir, também vendia diretamente ao consumidor o tijolo que fabricava. Com isso, surgiam os primeiros desafios – ou melhor, as primeiras oportunidades. Afinal, a palavra "problema" já não faz parte do meu vocabulário. Como me adaptar a uma cidade trezentas vezes maior do que o povoado onde cresci? Como conciliar o trabalho árduo com os estudos? E, talvez o mais difícil: como aprender a me comunicar com as pessoas, sendo eu um jovem tão tímido?

Você já deve ter ouvido aquela frase clichê, porém poderosa: "Não é o mais forte que sobrevive, nem o mais inteligente, mas o que melhor se adapta às mudanças" (MEGGINSON, 1963, p. 4). Para mim, essa frase se tornou um mantra ao longo da vida.

A capacidade de adaptação é uma habilidade essencial na vida e nos negócios. Aqueles que prosperam não são necessariamente os mais preparados, mas os que abraçam mudanças com confiança.

Lembra aquela disciplina que mencionei no início de acordar todos os dias no mesmo horário? Pois bem, ela se tornou ainda mais peça-chave, para superar os desafios que surgiam. E, por falar em desafios, eis o primeiro deles: como enfrentar o medo e evoluir numa rotina completamente diferente da que eu conhecia? Vamos ser honestos o medo é inevitável, certo? A questão é: como administrá-lo para que ele não nos paralise.

Sentir medo é humano, mas é na maneira como lidamos com ele que se define a nossa trajetória.

Minha curiosidade por outros campos da vida começou a crescer. Decidi, então, sair de casa para estudar em um colégio agrícola que oferecia cursos técnicos, no interior de São Paulo. Meu pai não aprovou a decisão, mas segui o que meu coração mandava na época. A escola era composta por estudantes de todo o Brasil e vivíamos em um internato dentro da instituição. Houve muitas dificuldades e vivências, mas não vou me aprofundar nelas agora. Eu tinha um objetivo: me dedicar aos estudos. E, mais uma vez, minha disciplina foi minha aliada. Eu estudava nos períodos da manhã, da tarde e da noite. Também me divertia com os amigos, mas a diferença estava em saber separar as coisas.

Concluí meus estudos com grande destaque, mas o que realmente marcou essa fase foi uma apresentação inesperada proposta pelo professor Claudinei. Em um dia comemorativo, ele se aproximou e disse: "Marlon, precisamos de uma apresentação para toda a escola sobre sustentabilidade agrícola". Eu, que havia superado minha timidez e me esforçado para me comunicar melhor, perguntei: "Legal, professor! Quando vai ser?". Ele sorriu e, sem cerimônia, respondeu: "É hoje e este é o material". Ainda sinto aquele frio na barriga ao me lembrar daquela missão inesperada.

Sorte é o encontro do preparo com a oportunidade. E eu estava preparado, graças a minha disciplina e minha dedicação. Então, por que não abraçar aquela chance e fazer a minha própria sorte? Isso me ensinou que não existe um momento perfeito para nada. Quantas oportunidades você já deixou passar porque achou que não era o momento ideal?

"Sorte é o encontro do preparo com a oportunidade. Não existe um momento perfeito; comece com o que você tem" (Sêneca).

Fiz a apresentação "relâmpago" e surpreendi o professor Claudinei com minha coragem. Alguns gostaram, outros criticaram, mas aprendi que críticas e elogios têm o mesmo peso. Afinal, você não vai se prender à opinião de quem nunca ousou construir algo, vai?

Críticas são parte do processo de crescimento. Aceitá-las com a mesma serenidade que aceitamos elogios nos torna resilientes e mais seguros de quem somos.

Retorno a Frutal, agora com um diploma nas mãos e achando que isso me traria o sucesso. Engano meu. Sabe por quê? É aqui fora, no mercado de trabalho, onde você realmente aprende. A verdadeira preparação vem da prática, das experiências diárias e dos desafios que surgem e você enfrenta.

A teoria é importante, mas o verdadeiro aprendizado vem da prática.

Inicia-se, então, minha jornada em uma usina de açúcar e álcool, que havia sido inaugurada há menos de um ano. Nessa época, os negócios do meu pai tinham se expandido graças ao seu esforço. Ele aumentava o *mix* de produtos e consolidava a marca Tijolar Materiais de Construção. Para quem antes comercializava apenas tijolos, ele deu um salto significativo. Mas vamos continuar com minha experiência na usina, pois ainda não é hora de falar da Tijolar.

Foi aí que descobri um novo desafio: liderança. Na minha primeira safra, fui colocado à frente de um grupo com mais de quinze pessoas para liderá-los na colheita. Acredite, eu não sabia absolutamente nada de colheita de cana-de-açúcar. Mas, se você voltar à introdução, vai notar que escrevi "líder nato", certo? Pois bem, aqui é onde essa liderança se torna evidente. Naquela época, muitos líderes tinham comportamentos de chefes que apenas mandavam, mas eu não queria seguir esse estilo de liderança. Eu queria guiar através do exemplo, pois sei que palavras convencem, mas o exemplo arrasta.

A verdadeira liderança é a que inspira. Palavras convencem, mas o exemplo arrasta.

No meu primeiro dia de trabalho, fomos com toda a equipe para uma lavoura. Era um dia chuvoso e aproveitei para fazer algo que marcou aquele ano para mim como líder. Pedi ao motorista que parasse o ônibus sob uma árvore, eu me apresentei ao grupo e, em seguida, pedi a todos que se apresentassem e compartilhassem suas expectativas. Eu precisava alinhar as expectativas deles com as minhas. Ao fazer isso, ganhei a confiança de todos ali. Finalizei com algo que também mencionei na introdução sobre fé: uma oração.

Tudo caminhava bem quando, mais uma vez, a vida me trouxe outro desafio: descobri que era portador de diabetes tipo 1. Isso mesmo, um rapaz com uma vida ativa agora enfrentava uma doença sem cura. Mais do que nunca, eu precisava me adaptar e, dessa vez, era para sobreviver. Existe uma frase que diz que "há males que vêm para o bem", não é mesmo? Acho que foi exatamente isso que aconteceu. Precisei deixar a usina e passei a trabalhar novamente com meu pai, na já consolidada Tijolar Materiais de Construção.

Você provavelmente não faz ideia do que é trabalhar em uma empresa familiar onde seu pai não aceita opiniões. Não quero tirar o mérito dele; afinal, ele foi um grande vencedor, construindo o que construiu com o próprio suor. Mas eu sabia que aquele comportamento não permitiria que a empresa crescesse ainda mais. O jeito que ele tinha de concentrar todo o trabalho em si mesmo acabaria, em algum momento, estagnando o negócio.

Delegar é confiar e desenvolver. Você só descobre talentos dando a eles oportunidade.

Por isso, aqui vai uma dica importante para você, empreendedor: aprenda a delegar. A única forma de crescer é criando um time capaz. Empresário não é aquele que apenas monta uma empresa, mas sim aquele que monta um time, coloca cada peça no seu devido lugar e potencializa o desenvolvimento das pessoas. Existe uma frase que diz que você é a média das cinco pessoas com quem mais convive. Na verdade, acredito que você é a média do ambiente em que está inserido. Por isso, meu conselho é: escolha bem o seu ambiente, pois ele irá moldá-lo e impactar diretamente seus resultados.

"Você é a média do ambiente em que está inserido" (Jim Rohn).

E, então, surge mais uma vez uma oportunidade – ou podemos chamar de desafio. Meu pai decide vender o negócio e eu precisava encontrar um sócio que tivesse os atributos financeiros e técnicos para me ajudar nessa empreitada. Foi quando conheci o Gregor; a partir daí começamos uma nova reestruturação na empresa. Naquele momento, eu sabia que precisava me capacitar e me desenvolver, não apenas como profissional, mas principalmente como pessoa. Em meio a tudo isso, enfrentei o maior mal que já vivi: a depressão. Foram os piores seis meses da minha vida. Mas, mais uma vez, foi a fé que me salvou e consegui vencer esse mal. E, como tudo na vida tem um propósito, consegui ressignificar esse período e entender que aquele processo me fortaleceu e fez nascer um novo Marlon. Um ser humano com mais empatia, mais disposto a servir, alguém que encontra alegria em ajudar os outros.

Hoje, enquanto escrevo este capítulo, sugiro e aconselho: invista em você e no seu conhecimento, pois é isso que lhe trará liberdade e amplitude. Cuide da sua saúde; afinal, seu corpo é onde você vive. Como está a sua "casa"? Permita-se errar e comece com o que tem, porque nada no início é perfeito. Lembre-se de que não somos, apenas estamos. E, acima de tudo, carregue consigo a disciplina e a constância. A motivação é o que lhe faz começar, mas a disciplina e a constância são o que lhe fazem conquistar.

Referência bibliográfica

MEGGINSON, L. C. Lessons from Europe for American Business, *The Southwestern Social Science Quarterly*, v. 44, n. 1, p. 3-13, 1963.

> “A motivação acende a chama para começar, mas apenas a disciplina a mantém acesa até a conquista.”

Marlon Reis

Nilson Monteiro

Sou Nilson de Souza Monteiro, natural de Três Lagoas/MS e residente de Bauru/SP. Casado há 23 anos com minha esposa, Patrícia, e pai da Laura. Atuo como mentor, escritor e palestrante, especialista em terceirização de mão de obra nos setores de Departamento Pessoal e Recursos Humanos. Como CEO do Grupo Palani, lidero três empresas: a Agência Palani de Comunicação, a loja Useway de moda feminina e a Palani Service Gestões, que é focada em gestão de terceirização.

Com mais de trinta anos de experiência, já realizei diversas contratações e capacitações, fortalecendo o desenvolvimento da minha equipe. Minha trajetória sempre foi de superação e transformação pessoal. E hoje meu objetivo é inspirar outras pessoas a se desenvolverem e a evoluírem em todas as áreas de suas vidas, alcançando o máximo do seu potencial.

nilsondesouzamonteiro360

+55 (14) 99182-2511

Nilson Monteiro

nilsondesouzamonteiro@gmail.com

NEGOCIANDO
COM O SUCESSO

21

MENTE DE AÇO: A IMPORTÂNCIA DO OBJETIVO DEFINIDO

Por Nilson Monteiro

Hoje, sabemos que tudo está em nossos pensamentos. Ultimamente, só ando pensando em coisas boas e, pelo contrário, parece que agora é que as coisas estão mais difíceis. Fique tranquilo, eu lhe entendo e, mais do que isso, você está coberto de razão: as coisas ficaram realmente mais difíceis para você e eu vou explicar o porquê e vou lhe ensinar a como virar o jogo. Acredite, não é difícil.

Porém, tudo tem a ver com comportamento e pensamento. É preciso juntar alguns elementos e colocá-los dentro da maior máquina do mundo. Essa máquina é seu cérebro, a coisa mais poderosa do universo. É isso mesmo: seu cérebro. Mas quais são esses ingredientes e como fazer a junção deles para que os meus pensamentos se realizem, fazendo com que tudo o que eu quero se torne realidade? Esses três ingredientes essenciais para tornar todo pensamento em realidade são: pensamento, sentimento e coerência.

Pensamentos

Você se torna exatamente aquilo que pensa, por isso tenha pensamentos puros, positivos, alegres, de saúde e não de doença. Tenha sempre em mente como você pode fazer para ajudar alguém. Aliás, ajude ao menos uma pessoa por dia, ajude deixando-a passar na sua frente, ajude sorrindo para alguém, ajude sendo gentil, ajude, ajude, ajude.

Existe uma frase que diz "Ninguém supera Deus em bondade". O que eu quero que você grave no seu coração é que quanto mais você ajudar, mais você será ajudado. Essa é a Lei do Universo.

Você se torna aquilo que pensa, pois você acredita no que você pensa. Por isso é tão comum ver na internet as seguintes frases: "Você é a média das quatro pessoas com quem convive", "Se você andar com quatro pessoas bem-sucedidas, você será a quinta", "Se você andar com três pessoas que usam droga, você será a quarta", e isso funciona para os dois lados. Mas quero que você saiba que a vida não é para fazer os fortes vencerem e sim para fazer os fracos perderem. Vou explicar: você já perdeu alguém que ama, seu pai, sua mãe, sua esposa, seu avô ou sua avó, mas, acredite, isso não aconteceu somente com você, isso acontece com várias pessoas, a todo momento. Todos nós já perdemos alguém extremamente querido, mas não podemos carregar essa tristeza para sempre. Ficamos, sim, tristes e abatidos, pois nunca mais teremos a oportunidade de ver a pessoa novamente, mas seguir em frente é que faz toda a diferença.

Temos que ter em nossos pensamentos o amor e o carinho, mas também temos que fazer a seguinte pergunta (claro, falando em pensamento): "Como essa pessoa gostaria de me ver? O que preciso fazer para que essa pessoa se orgulhe de mim?". Dessa maneira, você está justificando a pessoa querida e abrindo seu pensamento para que a resposta venha até você. E, acredite, ela virá, por isso eu reforço: a vida não está para fazer os fortes vencerem, mas a vida está para fazer os fracos perderem. E você não é fraco.

Pense, tenha seus objetivos claros e bem escritos. Falo isso para que você veja com clareza aonde quer chegar e quanto mais você focar seus pensamentos, mais você gerará sentimentos.

Sentimentos

Sentir, possuir sem mesmo possuir. Perceba o pensamento me torna e o sentimento me traz. Você conhece alguém que começou a construir uma casa sem ao menos fazer nenhum sentido? Do nada, aquela pessoa mais improvável do que nunca termina a casa e vai morar nela. Todos nós conhecemos a expressão "ovelha negra da família", que mais tarde se torna o mais bem-sucedido da família. Isso sempre acontece com quem é menos provável, sabe por quê? Porque pessoas desacreditadas e sem nenhum apoio contam apenas com elas mesmas, gerando um sentimento de grandeza, de superação, uma força que nasce através da junção do pensamento com o sentimento. Muitas vezes esse sentimento é ruim, de tristeza.

É justamente nesse ponto que viramos a chave, em que colocamos todo nosso sentimento em dar o melhor de nós mesmos naquilo em que fizermos. Não temos escolhas, estamos sozinhos, sem ninguém para nos impedir ou nos criticar e, dependendo do caso, temos que mergulhar em nosso trabalho para não ficarmos loucos, pois nosso sentimento está um turbilhão com nossos pensamentos. Nessa altura, devo reafirmar: o melhor lugar onde você pode estar é no fundo do poço, pois lá não existe outra maneira a não ser crescer, e você vai crescer; esse é o momento em que você deve arar a terra.

De uma maneira bem relaxada, quero que você se veja diante de uma floresta, muitas árvores, matos, plantas, ervas daninhas, galhos secos. Ouça o estalar dos galhos secos conforme você entra nessa floresta densa e bagunçada, onde cada árvore grande ou pequena representa suas conquistas ou aquilo que você quase conquistou. Os galhos secos representam amizades que se foram; as plantas, aquilo que você projetou para você mesmo; e as ervas daninhas, tudo aquilo que um dia lhe falaram, desejaram e que de certa forma feriu seu sentimento e você deixou isso entrar em você, gerando certos bloqueios e traumas, impedindo seus pensamentos de serem grandes, fazendo com que você tenha apenas sentimentos distorcidos da realidade.

Muito bem. Eu disse que você sairia transformado, e você sairá, acredite! Vamos lá: pense que diante de você tem um trator enorme, o maior que você já viu, e que esse trator é comandado pelo seu sentimento. Agora, ordene que esse trator comece a limpar essa floresta de sentimentos distorcidos, esse trator está derrubando árvores, recolhendo os galhos secos do chão, recolhendo as plantas e, quando olha para trás, você já consegue ver uma terra plana, limpa e cheirosa – sabe aquele cheirinho de terra molhada? Veja que campo mais lindo e mais limpo está se formando. Deixe esse trator continuar o trabalho, você já deu a ordem e ela é: "Quero arar a terra, fazer uma nova plantação e, claro, uma nova colheita".

Maravilhoso! Já não existe mais nenhum impedimento para você agora e a pergunta que eu quero fazer é: o que você vai plantar nessa terra fértil que se chama seu cérebro? Se você plantar laranja, colherá laranja, e se você plantar veneno, terá que colher veneno. Assim é nosso cérebro. Se tiver pensamentos bons, colherá boas coisas. Se tiver pensamentos ruins, colherá coisas ruins. Acredite, não se pode desejar mal a alguém e não receber uma porção desse mal. Por isso, se for para ter algum sentimento por alguém, que esse sentimento seja positivo, assim você receberá parte desse desejo de volta. Então tenha coerência em seus pensamentos e em seus sentimentos, para que não haja contradição entre eles.

Coerência

Este é o ingrediente secreto. Usain Bolt treinou pesado durante quatro anos para correr nove segundos e fazer história. Agora, quero que você entenda isto ele treinou um mês, dois meses, três meses e por que ele não disse que estaria pronto para correr uma Olimpíada? Porque ele usou a coerência, ele sabia que, para estar apto a participar, ele teria que estar acima da média dos demais velocistas. Eis aí o porquê de seus pedidos não serem atendidos. Você acorda de manhã pensando em alguma coisa e, quando chega à noite, você vê que nada aconteceu e logo deixa de pensar e sentir o seu pedido. Em seguida, acaba por pensar em outra coisa que também não se realiza, e assim por diante. É exatamente assim que acontece com a maioria das pessoas: pedem algo, pensam em algo, mas nunca têm certeza do que realmente quer, então não é possível receber o que se deseja.

Um dos motivos para isso, e acho justo até, é porque estamos em uma determinada condição e pensamos em ter uma condição dez vezes melhor do que temos agora. Só que é tão surreal para nós que não acreditamos ser possível alcançar o ponto no qual estamos pensando e a partir daí desacreditamos de nossos pensamentos e colocamos um sentimento errado em nosso desejo.

Vou explicar melhor. Por exemplo, hoje você tem um salário de R$ 2.000,00 e deseja ter um salário de R$ 20.000,00. Dentro da sua realidade, você não acha nenhuma maneira disso acontecer, portanto logo desiste, mas quero abrir a caixa-preta a você agora. Você vai se surpreender com a simplicidade desse segredo guardado a sete chaves pelos maiores gurus da internet. Essa palavra poderosíssima é o “como” e ela não depende de você.

Apenas pense e sinta; o **como** são as oportunidades que virão até você, pois no mundo existem infinitas possibilidades de chegar os R$ 20.000,00 até você. Vamos relembrar a nossa plantação. Se você plantar um bambu, aparentemente nada acontecerá nos quatro primeiros anos, pois o bambu, durante quatro anos, cresce para baixo, ou seja, cresce a sua raiz, para depois de quatro anos sair o broto da terra. E, veja, o bambu é praticamente inquebrável, mas ele leva o tempo certo para chegar no ponto de ser assim. O que eu quero que entenda é que, se colocar a semente na terra hoje, você não vai colher no mesmo dia. Esse é o princípio da coerência: plante, pense e não se desvie dos seus pensamentos, e todos os dias coloque sentimento, regue seu pensamento com uma dose de sentimento que a semente vai germinar e seus sonhos se tornarão realidade um a um.

Para você não esquecer, o primeiro passo é o pensamento, pois nele é onde tudo nasce; o segundo passo é o sentimento, pois sem sentimento nada acontece e o terceiro passo é a coerência, sem a coerência tendemos à contradição, a não saber esperar o momento certo de receber o que desejamos.

> “A verdadeira força está na coerência entre o que sentimos, pensamos e vivemos.”

Nilson Monteiro

Patrícia C. B. Abdalla

Sou Patrícia Corrêa Balan Abdalla, paranaense, engenheira, escritora, mentora, casada e mãe de duas meninas. Amo desafios e a minha trajetória profissional está em constante transformação e fora da zona de conforto. Sou gerente de marketing LATAM em uma multinacional.

Acredito que, quando buscamos fazer a diferença na vida das pessoas, criamos e impulsionamos uma grande corrente do bem, ao mesmo tempo que, quando oferecemos o nosso melhor ao outro, também estamos gerando oportunidades para mudar e evoluir. Por isso, dedico parte do meu tempo para fazer palestras, treinamentos e orientar profissionais ou empresas, com *insights* pessoais e profissionais voltados ao desenvolvimento de suas vidas, carreiras ou negócios.

patiabdalla

Patrícia Corrêa Balan Abdalla

NEGOCIANDO
COM O SUCESSO

22

MINDSET DE SUCESSO: COMO PENSAR COMO UM VENCEDOR

Por Patrícia C. B. Abdalla

Já parou para pensar sobre o que as suas atitudes dizem sobre você? Com qual frequência, você costuma pensar nas coisas que você tem feito na vida e pela vida? Você tem o hábito de parar para refletir e avaliar se o caminho que você está trilhando é o que gostaria de seguir? Como você considera a sua evolução, de modo geral? Pois bem, na vida, o piloto automático é como a grande maioria das pessoas passa seus dias vivendo, ou seja, estamos envolvidos em tantas coisas e imersos em nossas rotinas e problemas, que vamos lidando com o que surge à frente, sem efetivamente pensar a cada momento do que está acontecendo e como lidar com as situações de forma a estar totalmente presente. Em outras palavras, agimos a maior parte do tempo de forma inconsciente, sem estarmos 100% presentes em nós mesmos.

Em contrapartida, nossas escolhas, hábitos, como absorvemos e digerimos os acontecimentos e fatos da vida, ou seja, tudo aquilo que fazemos é diretamente influenciado pela forma como pensamos. É a partir da atitude que enfrentamos as situações do dia a dia, e tomamos decisões que influenciamos diretamente as nossas conquistas, realizações e satisfações pessoais. Isso mesmo, **atitude**! A maneira como enxergamos a nós mesmos reflete como os outros no veem. Segundo Henry Ford (1863-1947), um grande inventor, empresário norte americano, fundador da Ford Motor Company: "Se você pensa que pode ou se pensa que não pode, de qualquer forma você está certo".

Bem, esse tema é tão relevante e tem uso para diversas áreas de tal forma que Carol Dwerk (2006) uma renomada psicóloga americana desenvolveu um estudo que fala sobre mentalidade de crescimento e mentalidade fixa, que inclusive se tornou um *best-seller – Mindset: The New Psichology of Sucess*. O livro aborda como o *mindset*, ou seja, a mentalidade ou atitude mental que uma pessoa adota, desempenha um papel fundamental na determinação do seu sucesso.

Ao refletir sobre minha trajetória pessoal e profissional, o despertar consciente para o cuidado com o meu *mindset* iniciou, pois percebi que, apesar da limitação de recursos e estudos, eu cresci cercada por grandes exemplos de força, superação e resiliência, que certamente me inspiraram e impulsionaram a romper paradigmas.

Meus avós paternos e meus pais foram fundamentais no meu processo de educação, desenvolvimento de valores e hábitos que me acompanham até hoje. Desde muito cedo, eles me ensinaram a observar as situações à minha volta, a não ter pensamentos limitantes, ser resiliente e lutar pelos meus sonhos. Eu me lembro sempre dos meus pais me dizendo: "Você verá que toda oportunidade tem uma dificuldade e toda dificuldade tem uma oportunidade. A diferença entre uma oportunidade e um obstáculo é a sua atitude. Em vez de dizer, 'Eu não consigo', 'Não vai dar certo', 'Impossível', 'Não é justo', 'Não é meu trabalho', mantenha sempre uma atitude positiva diante das circunstâncias. Afinal, tudo o que você dedica a sua atenção, cresce e se multiplica; portanto, mantenha-se firme no que irá te levar para frente". Ao amadurecer, percebi o grande legado e o impacto significativo da minha família no processo de desabrochar quem eu sou. Fui a primeira engenheira mecânica da nossa família.

A força que habita em nós

Ao longo dos desafios e experiências da vida, eu aprendi que somos seres únicos e que não há como separar uma parte da vida da outra. Entretanto, todos nós somos capazes de nos reinventarmos e fazermos diferente. O segredo para que você tenha sucesso e êxito está na forma de como vê as coisas e encara seus desafios. E, para que isso aconteça, precisamos prestar atenção no que de fato nos acontece, como nos sentimos a respeito disso e, a partir disso, criarmos conexões verdadeiras e significativas.

Com esse intuito, é muito importante que tenhamos um olhar mais compassivo e amoroso para o que nós escolhemos ser. Afinal, cobranças, pressões, encantamentos nos desafiam a todo momento e muitas vezes nos distanciam da nossa essência. O importante é compreender que a força que existe dentro de cada um nós é muito mais forte do que as pedras em nosso caminho.

Entender mais sobre nós, nossas emoções e angústias não é algo simples. Não existe uma fórmula mágica; entretanto, esse é um caminho que se constrói diariamente e precisamos acessar. Sócrates, filósofo da Grécia Antiga, já dizia: "Conhece a ti mesmo". É fundamental desenvolver uma boa capacidade de se observar e acolher seus medos e as suas vulnerabilidades, pois o caminho para o sucesso é trilhado dentro de nós.

Por esse motivo, é fundamental parar de vez em quando, observar, silenciar a alma, olhar para si, para o outro e para a vida e seus detalhes. Ainda que, muitas vezes, as circunstâncias da vida nos levem a caminhos inesperados, no final de cada experiência ou ciclo, o que vale são as decisões que tomamos e escolhas que fazemos. A intencionalidade das nossas ações não só dá direção aos nossos movimentos, mas também define o rumo de nossas vidas.

A chave para a grande transformação é compreender que podemos, na hora que quisermos, escrever um novo capítulo da nossa própria história. Você é o protagonista e a sua trajetória é autoral; portanto, nunca é tarde para sair da zona de conforto e começar a viver a vida que sempre sonhou. Afinal, cada pensamento, escolha e ação tem um impacto gigantesco e molda exatamente quem estamos nos tornando.

A melhor parte desse processo é perceber que somos seres em permanente construção, desconstrução e reconstrução. Isso significa que não importa a idade, todos estamos em um constante processo de "melhoramento". Não há um caminho fácil para isso, porém esteja consciente de que são os seus hábitos diários, as suas rotinas matinais, aquilo que toma o seu tempo e atenção que irão lhe conduzir até o seu destino. As coisas mudam, passam, transformam-se o tempo todo. Nenhuma situação dura para sempre, tudo é passageiro. Porém, a maneira como você se adapta e segue em frente faz toda a diferença e diz tudo sobre você e aonde irá chegar.

Dando o melhor de si – atitudes de sucesso para uma vida mais plena e feliz

1) **Tenha um bom plano.** O seu plano é sua bússola, seu mapa e seu norte. Encontrar o seu propósito e o que faz sentido para você é o grande segredo do sucesso. Com seu plano escrito e esquematizado fica muito mais fácil você se sentir motivado e realizado. Além disso, colocar o seu plano no papel irá ajudar no processo de visualização, intencionalidade e melhoramento contínuo. Afinal de contas, a tendência do nosso cérebro é sempre resistir a mudanças. Por isso, muitas vezes, é tão difícil adotar novos hábitos e posturas. Por esse motivo, vale compreender o que realmente desejamos mudar na nossa vida e buscar os caminhos que nos levam à direção dos nossos sonhos e talentos e ir em frente até chegar lá. Tenha motivos muito fortes para vencer, pois eles ajudarão você a manter o foco e energia.
2) **Aja com disposição.** Seja comprometido com o dia a dia e tenha bom ânimo. O sucesso leva tempo e é através da disciplina, constância e dedicação que você continuará a caminhar rumo ao seu objetivo. Segundo Amy Cuddy (2016), pesquisadora, palestrante e professora da Haward Bussiness School, *fake it till you make it*, isto é, "finja até você conseguir", pois a linguagem corporal afeta a maneira como os outros nos veem, mas também pode mudar a maneira como nos vemos. Já segundo o americano Ralph Waldo Emerson, famoso escritor, filósofo, poeta, que viveu de 1803 a 1882: "Suas atitudes falam tão alto que eu não consigo ouvir o que você diz". Por isso, cuide da sua postura e seja sempre impecável com as suas palavras.
3) **Seja corajoso.** Enfrente os seus medos e acredite no que parece impossível. Muitas vezes nos escondemos atrás de nossas limitações, criando desculpas para não enfrentar os nossos desafios. Acredite em você e na sua capacidade de alcançar seus objetivos. Tenha fé, pois ela enche o seu coração de esperança e abre caminho para você seguir o seu percurso.
4) **Assuma responsabilidades.** Não existe o "caminho das pedras". Existe trabalho, organização e disciplina. Seja honesto com você mesmo. Mapeie, analise e reflita. Identifique áreas de oportunidade para melhoria e siga em frente.

5) **Cuide-se com amor.** Cultive hábitos saudáveis, mantenha uma rotina de exercícios físicos e interação social, absorva o máximo de bons livros e conteúdo. Ter zelo pelo seu bem-estar significa trazer alguém melhor para si e para o mundo.
6) **Seja generoso.** Mantenha sempre o coração aberto para servir e compartilhar seus dons e talentos, cultive bons relacionamentos, ajude os outros, pois a colaboração é uma via de mão dupla – ao mesmo tempo que você ajuda o outro, você cresce. Exerça a empatia, a compaixão e a escuta, pois estamos aqui para contribuir e partilhar a nossa jornada uns com os outros.
7) **Agradeça sempre**. Quando nos sentimos gratos, estamos agindo de forma positiva e nos preparando para receber coisas boas. Pratique o respeito e a gentileza. Reconheça os seus sucessos, mantenha um diário, use afirmações positivas sobre você mesmo.

Por fim, o maior desafio da vida é descobrir como desfrutá-la. Há apenas uma quantidade limitada de amanhãs, sua história pode não ter tido um começo muito feliz, mas, sem dúvida, não é isso que define quem você é. Todas as manhãs, a vida sempre reserva uma boa oportunidade para você se aprimorar. Esvazie o seu coração e comece do zero.

Saiba que para ter sucesso você precisa estar preparado para isso e o cérebro faz você agir pela forma que você pensa. Por isso, busque ser sempre a sua melhor versão e doe o seu melhor. Aprenda a ser bom consigo mesmo e a se conduzir de uma forma amorosa pela vida. Talvez você não mude o mundo, porém todos os dias você escolhe quem deseja ser. Afinal de contas, o que se leva desta vida é a vida que se leva.

Adote essa maneira de enxergar o mundo e veja a transformação acontecendo na sua vida agora mesmo. Cada pequena conquista é um passo no caminho do sucesso. Construa um legado duradouro.

Referências bibliográficas

CUDDY, A. *O poder da presença*: como a linguagem corporal pode ajudar você a aumentar sua autoconfiança. Rio de Janeiro: Sextante, 2016.

DWECK, C. *Mindset*: The New Psichology of Sucess. Nova York: Ballatine Books, 2006.

FORD, H. *Minha vida, minha obra*. São Paulo: Principis, 2021.

“O segredo para que você tenha sucesso e êxito está na forma como vê as coisas e encara seus desafios.”

Patrícia C. B. Abdalla

Patrícia Moreira Prado

Sou Patrícia Moreira Prado, natural de Cachoeiro de Itapemirim/ES. Atualmente, resido em Ribeirão Preto/SP. Filha de Ernando e Nivalda, casada com Michel Eduardo que, assim como meus pais, são minhas maiores fontes de inspiração.

Desde criança, sou curiosa para entender a natureza humana. Os livros eram meus aliados nessa busca que reverbera até hoje. Como psicóloga clínica, procuro não tratar patologias, mas cuidar das pessoas.

Através da minha trajetória profissional, que iniciou na área de Recursos Humanos e hoje na clínica psicológica, obtive valiosos aprendizados sobre as histórias de pacientes que superaram grandes adversidades e obtiveram êxito quando atrelaram o propósito de vida ao sucesso.

patriciapradopsi

+55 (16) 98876-9002

patriciaprado.psi@gmail.com

23

A JORNADA DO SUCESSO COMEÇA COM UM PROPÓSITO

Por Patrícia Moreira Prado

Como seres humanos, temos uma necessidade inerente de buscar compreensão e sentido para a nossa existência. No entanto, a sociedade moderna tende a viver de modo automático e aqueles que se dedicam a explorar essas questões profundas nem sempre são compreendidos. Mesmo na era da informação, com tecnologia avançada à disposição, o processo de autoconhecimento não se tornou mais fácil. Pelo contrário: a abundância de respostas prontas e as incertezas sobre o futuro parecem nos distanciar ainda mais da reflexão pessoal. Um exemplo disso é o conformismo diante das mudanças climáticas e a banalização da política, entre outros temas críticos. Há uma tensão constante entre o conformismo social e a busca individual por significado e compreensão mais profunda da vida. Essa inquietude filosófica pode enfraquecer com o tempo, mas persiste em nós como uma faísca de busca e questionamento.

Quando um paciente chega pela primeira vez ao consultório psicológico, ele raramente expressa o desejo de se autoconhecer. Em geral, fala sobre suas queixas, as emoções que lhe causam sofrimento, a necessidade de mudar aspectos de sua vida que não estão indo bem, ou ainda sobre pessoas e situações que julga serem obstáculos para sua felicidade. Com o tempo, porém, cada paciente descobre que a chave para muitos de seus questionamentos está justamente no autoconhecimento. Ao compreender suas emoções, comportamentos, escolhas, valores, crenças, sonhos e motivações, ele se torna mais apto a reconhecer suas qualidades e limitações, adotando uma postura mais assertiva diante das próprias decisões. O autoconhecimento é um processo contínuo que pode durar toda a vida, mas cada *insight* é um passo à frente, uma oportunidade de crescimento e evolução pessoal.

Quem observa de fora pode acreditar que pessoas bem--sucedidas estavam destinadas ao sucesso, mas a realidade é que o sucesso é uma longa jornada e ela começa com a definição de um propósito claro. Todos nós, em algum momento, já nos perguntamos: o que significa alcançar o sucesso? Será que ele se resume a um cargo de prestígio, a uma conta bancária milionária, à fama ou a ter milhões de seguidores nas redes sociais?

Desde cedo, somos apresentados ao conceito de sucesso através da convivência com pais, familiares, amigos e outras interações sociais. Embora seja comum a todos, o sucesso se baseia na história pessoal de cada um. Ele não se limita às conquistas materiais, mas também inclui o bem-estar emocional, a satisfação de realizar um sonho, ou a superação de desafios pessoais. Além disso, a definição de sucesso pode mudar ao longo da vida. Muitas vezes, nós o imaginamos como algo tangível, envolvendo *status* ou riqueza. Contudo, o verdadeiro sucesso está em viver de maneira coerente com o nosso propósito. Quando nossas ações estão alinhadas com quem somos e com o que acreditamos, o sucesso surge como um resultado natural.

O propósito de vida nasce dos questionamentos internos, do entendimento de que a vida é algo único e imensurável, da percepção de que fazemos parte de algo muito maior, e da consciência de que nossa existência pode e deve contribuir com esse todo. Essa inquietude pode surgir em diferentes fases da vida, mas, pela minha vivência clínica, é mais comum na fase adulta, quando enfrentamos situações adversas e desafios. Em muitos casos, essas mudanças provocam decisões importantes e trazem novas responsabilidades.

Ao assumirmos responsabilidades, passamos a refletir sobre todos os aspectos de nossas escolhas e a avaliar nossas ações com mais profundidade. Esses questionamentos, além de promoverem autoconhecimento, desencadeiam transformações profundas e duradouras. O propósito de vida é, em essência, a razão pela qual uma pessoa acredita estar aqui. Ele representa a busca por significado e direção, atuando como uma bússola que orienta as ações e decisões ao longo da vida. O propósito é algo profundamente pessoal e pode variar para cada indivíduo de acordo com valores, crenças, cultura e o ambiente em que vive. Seu conceito é subjetivo, o que torna impossível descobri-lo sem antes realizar uma autoanálise cuidadosa.

Muitas das pessoas que nos inspiram com suas histórias de sucesso compartilham características como foco, determinação, persistência e resiliência. A seguir, apresentarei alguns exemplos clínicos que ilustram essas qualidades: atendi uma paciente que teve uma infância difícil, com estrutura familiar precária. Na adolescência priorizou sua educação e, na fase adulta, chegou ao doutorado, conseguiu formar uma família, ter um trabalho respeitável e construir um lar totalmente diferente daquele em que foi criada.

Houve outro caso, de uma paciente que sofreu vários abusos psicológicos e físicos, que até fugiu da casa dos seus pais que eram coniventes com todo sofrimento, vindo a superar seus traumas trabalhando posteriormente com pessoas abusadas e que também precisavam de ajuda. Presenciei a evolução de um paciente com mãe narcisista que foi criado totalmente abandonado e à mercê da sorte, tornar-se uma pessoa afetuosa e gentil, um pai carinhoso e presente na vida das suas duas filhas.

Atendi um paciente que acreditava que sua vida havia perdido o sentido após a falência de sua empresa. Contudo, ele reencontrou o propósito ao perceber a importância de valorizar suas relações familiares. O trabalho, que era uma fuga para suas questões pessoais, passou a ser encarado de outra forma. Hoje, ele atua em um novo negócio, equilibrando bem seu tempo entre trabalho e família.

Houve também um paciente que sofreu *bullying* na escola por não ter um pai presente. Na época, ele se apegou à fé, que o sustentou. Mais tarde, tornou-se um líder religioso, compartilhando sua história de superação na sua congregação. Atendi uma paciente que, após um relacionamento abusivo com o ex-marido, incluindo episódios de violência doméstica e a perda da guarda do filho, havia tentado suicídio. Com o autoconhecimento, ela encontrou novos motivos para viver. Hoje, é uma enfermeira bem-sucedida em um grande hospital e conquistou, de forma definitiva, a guarda do filho. O que todas essas histórias têm em comum? Com dezessete anos de experiência clínica, posso afirmar que essas pessoas buscaram ativamente um propósito de vida, o que as levou a alcançar o sucesso.

Pessoas que vivem com propósito experimentam uma satisfação mais profunda com a vida, pois suas ações vão além das conquistas externas e refletem seus valores pessoais. Em suas atividades cotidianas, mesmo as mais simples, elas encontram uma conexão com algo maior. Cada dia começa com um sentido de missão, sabendo que suas atitudes geram impactos positivos na vida dos outros e, assim, transformam o mundo ao seu redor. No nosso cotidiano, encontramos muitas pessoas assim: aquelas que trabalham com dedicação, com brilho nos olhos e entusiasmo ao falar sobre o que fazem. Elas reconhecem a importância de contribuir de maneira positiva para a vida dos outros.

Uma vida sem obstáculos é uma ilusão. É comum desanimar diante das dificuldades e algumas pessoas chegam a desistir de tentar novamente após enfrentarem grandes quedas. No entanto, aqueles que possuem um propósito de vida conseguem enxergar os desafios como oportunidades de aprendizado e crescimento. Afinal, os obstáculos testam nossa determinação e nos proporcionam experiências que nos tornam mais focados e resilientes.

Aprender a enxergar os desafios como oportunidades de crescimento é fundamental. Se analisarmos as histórias de pessoas que alcançaram o sucesso, perceberemos que, em suas jornadas, enfrentaram grandes fracassos que se tornaram trampolins para conquistas ainda maiores. Vou citar duas histórias conhecidas que mais aprecio: as histórias de J. K. Rowling e Walt Disney são exemplos de superação e persistência. Rowling enfrentou depressão e dificuldades financeiras, vendo seu manuscrito de *Harry Potter e a pedra filosofal* ser rejeitado por doze editoras antes de ser aceito. Walt Disney também sofreu fracassos, como a falência de seu primeiro estúdio e a perda de seu personagem Oswald para seus contratantes. Ambos mantiveram seu propósito e, com resiliência, alcançaram sucesso, inspirando milhões com suas criações.

Quando afirmo que a jornada do sucesso começa com um propósito, eu me refiro ao fato de que essa caminhada individual é repleta de aprendizados e proporciona grandes descobertas sobre si mesmo. Embora nem todas essas revelações sejam fáceis de aceitar, cada uma delas é única, assim como nossas digitais. A jornada do sucesso está intrinsecamente ligada ao propósito de vida, envolvendo um misto de experimentações, reflexões e autodescobertas. É um caminho marcado por erros e acertos, onde as imperfeições são refinadas ao longo do tempo, trazendo surpresas maravilhosas e abrindo portas para um futuro de grande satisfação pessoal e profissional.

Quando definimos um propósito claro, o sucesso não se torna um ponto final, mas sim uma sequência de realizações. Ele evolui à medida que adquirimos novas experiências e passamos por transformações, o que explica por que muitas pessoas alcançam o sucesso em diversos empreendimentos ao longo da vida. É comum associar o fator sorte ao sucesso, mas isso é um equívoco. Cada etapa alcançada resulta de uma construção pessoal trabalhosa, que gera resultados positivos e provoca reflexões profundas. Ao agirmos em consonância com nosso propósito, tomamos consciência do todo e do coletivo. Percebemos que impactamos a vida das pessoas ao nosso redor e que contribuímos para algo maior, deixando um legado positivo para a posteridade.

Assim, ao alcançarmos o sucesso em um aspecto de nossa vida, abrimos caminho para que outros projetos também prosperem. Esse efeito cascata não traz benefícios apenas para nós, mas também para todos aqueles que cruzam nossos caminhos.

“A jornada do sucesso está intrinsecamente ligada ao propósito de vida, envolvendo um misto de experimentações, reflexões e autodescobertas.”

Patrícia Moreira Prado

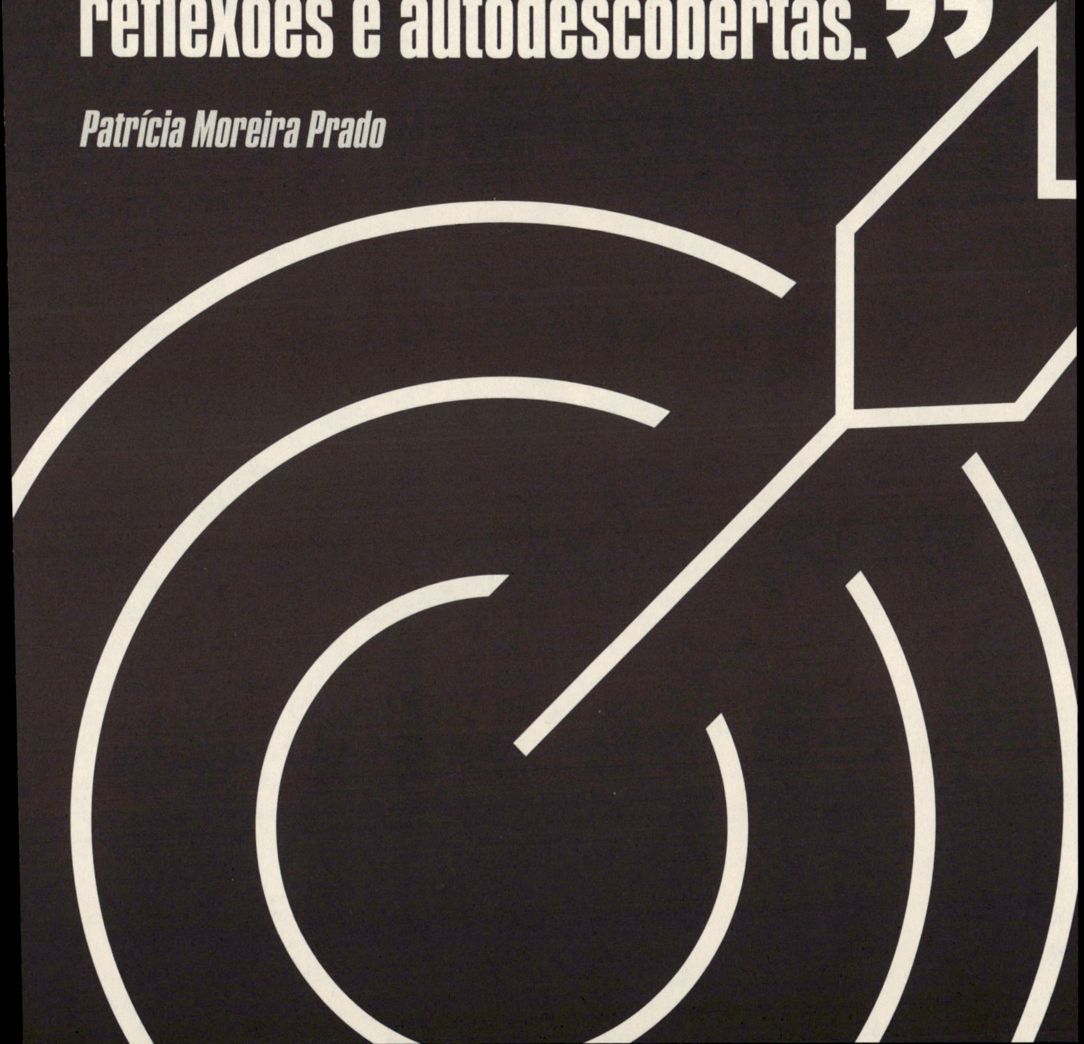

Niall Ferguson
A ASCENSÃO DO DINHEIRO

Pedro Vasco

Pedro Hamilton de Araújo Vasco, filho de Hamilton e Eliane, esposo da Camylla e pai do Benício.

Sócio-fundador da Gauzzi Capital, empresa de consultoria financeira. Somos parceiros estratégicos, fornecendo soluções de excelência que impulsionam os resultados dos nossos clientes.

Empreendedor desde os 15 anos e investidor há mais de onze anos, nossa missão na Gauzzi é servir você. Já fui empacotador, açougueiro e já vendi milho e até motos de leilão. Vendas sempre estiveram em meu DNA e a utilizamos para aproximar de seus sonhos utilizando o mercado financeiro.

Comecei a investir em 2013. Esse capítulo é graças a Deus e ao mercado financeiro. No início, ninguém queria me ajudar, então tive que aprender sozinho para impactar o maior número de pessoas hoje.

opedrovasco

Pedro Vasco - Consultor financeiro

24

COMO MANTER A INICIATIVA EM PROJETOS DE LONGO PRAZO

Por Pedro Vasco

O jogo sempre será de longo prazo. Poucas pessoas realmente entendem o que é o mercado financeiro, então vou resumir para que você possa aplicar esse conhecimento na sua vida. Ao saber disso, você terá *insights* valiosos sobre poupar e pensar no longo prazo. Afinal, a fórmula mágica para construir riqueza é simples: aportes mensais e juros compostos.

O mercado financeiro funciona de forma semelhante ao mercado de crédito: quando usamos uma nota de R$ 100,00 para fazer uma compra, confiamos que aquele valor representa um produto ou um serviço. Essa confiança é o que movimenta o sistema. Mas, ao deixar nosso dinheiro apenas na poupança, não estamos utilizando o sistema financeiro da forma mais inteligente.

Veja o exemplo: João tem R$ 500.000,00 e investe esse valor no banco XYZ, recebendo uma remuneração de 0,90% ao mês. O banco, por sua vez, empresta esse dinheiro para Maria, que quer financiar um imóvel, cobrando uma taxa de 3% ao mês. Ou seja, o banco utiliza o dinheiro de João para emprestar a Maria e lucra a diferença de 2% por mês. Em cerca de 36 meses, o banco já ganhou o mesmo valor que João aplicou, apenas fazendo empréstimos. Isso mostra o poder dos bancos e a importância de aprender a usar o sistema financeiro a seu favor.

Quando falamos em negociar com o sucesso, precisamos entender o que é sucesso. Ele é subjetivo e pode ser visto de maneiras diferentes por cada pessoa. Simon Sinek, em seu livro *O jogo infinito* (2020), destaca que o jogo é infinito – no mundo dos negócios, não há linha de chegada, mas sim persistência. Sucesso é cumprir o que você se comprometeu a fazer e o fazer da melhor forma. Se o resultado for positivo, você venceu; se não, você aprendeu o caminho a não seguir. O importante é se manter no jogo, persistindo sempre.

Se buscamos retornos acima da média, precisamos ter pensamentos e visões acima da média. Isso significa antecipar tendências e ajustar estratégias conforme os eventos ocorrem. Manter a iniciativa em projetos de longo prazo é como cuidar das finanças ou da saúde: o segredo está na iniciativa do longo prazo. É mais barato gastar na manutenção do que pagar para arrumar. No mundo financeiro, isso significa revisar investimentos regularmente e ajustar as estratégias conforme necessário. Pequenos aportes contínuos são mais eficazes do que tentar consertar um grande problema depois de instalado.

O mesmo princípio vale para a saúde. Uma rotina consistente de exercícios e uma alimentação equilibrada evitam custos altos no futuro – seja o custo físico de uma doença, seja o financeiro para tratamentos médicos. Hábitos saudáveis são um investimento constante em si mesmo, proporcionando qualidade de vida. Quem entende que a persistência é um ato de cuidado contínuo consegue resultados duradouros, tanto nas finanças e na saúde, quanto nos projetos pessoais.

Um dos maiores obstáculos para alcançar a independência financeira é a falta de consistência nos aportes. A diferença entre investir de forma esporádica e investir periodicamente é enorme. Alguém que investe mensalmente ao longo de vinte anos terá resultados significativamente melhores do que alguém que só investe quando sobra dinheiro. A chave é a consistência e não necessariamente o montante inicial.

O que você escolheria: receber R$ 1.000.000,00 hoje, de uma só vez, ou começar com apenas R$ 0,01, dobrando esse valor por trinta dias? Se sua escolha foi a primeira opção, sinta-se informado, mas você ainda não compreendeu o verdadeiro poder da constância e do longo prazo. O valor da segunda opção pode parecer insignificante nos primeiros vinte dias, mas algo incrível acontece: o poder exponencial começa a trabalhar a seu favor. Ao final dos trinta dias, o saldo será impressionante R$ 10.773.418,24.

Agora, pense em outro exemplo: imagine que você precisa empurrar uma roda gigante de uma tonelada. No início, o esforço será enorme, quase insuportável. Mas, à medida que a roda começa a girar, ela ganha atração e o esforço necessário diminui. Com o tempo, ela gira quase sozinha.

O que eu quero lhe mostrar nesses dois exemplos é que, no início, tudo pode parecer difícil, quase impossível. Mas, com foco e persistência, o processo trabalha a seu favor. E, no final, o esforço inicial valerá a pena.

Exemplos práticos

- **Metas claras:** criar uma reserva financeira de seis meses focando as oportunidades; metas específicas de saúde, como perder 5 kg em três meses; dividir grandes projetos em metas diárias.
- **Consistência:** automatizar investimentos; treinos diários curtos; usar o método Pomodoro para produtividade.
- **Revisão e ajuste:** revisar portfólio; adaptar treino; revisar negócios para competitividade.
- **Visão de longo prazo:** crescimento financeiro; hábitos saudáveis para longevidade; visão estratégica para negócios.
- **Propósito:** conectar finanças a um legado, inspirar saúde e buscar inovação contínua.

No início deste capítulo, eu lhe contei um pouco de quem sou. Em 2013, fiquei desempregado. Foi o ano em que conheci minha esposa. Naquele momento, não tinha dinheiro nem para pagar um cachorro-quente, mas, mesmo assim, sonhava grande e queria construir uma vida ao lado dela. Sabia que muitos desses sonhos dependiam de recursos financeiros. Foi então que li *Os segredos da mente milionária* (2021), de T. Harv Eker, e compreendi três lições fundamentais:

1. **O mundo exterior é um reflexo do mundo interior.** Se eu quisesse mudar minha situação financeira, primeiro precisaria mudar minha mentalidade.
2. **Os ricos cuidam bem de suas riquezas.** Eles são meticulosos com o dinheiro que possuem.
3. **Os ricos investem em ações.** Investir na bolsa de valores era um caminho desenvolvido.

Esse livro foi o divisor de águas na minha vida. Se hoje estou aqui para lhe ensinar alguns métodos, é graças a ele. Decidi começar a juntar minhas riquezas, literalmente. Comecei com moedas de R$ 1,00 e, quando o cofre encheu, eu tinha R$ 1.000,00. Segui o conselho do livro e entrei na bolsa de valores.

Agora, duas lições importantes surgem aqui. Primeira: juntar dinheiro em um cofre ou na poupança é uma forma de começar, mas, ao longo do tempo, você perde para a inflação. Segunda: de real em real, você pode criar um patrimônio. É como eu sempre digo: juros compostos mais aportes mensais.

Ao entrar na bolsa, porém, perdi metade do que juntei. Não sabia o que estava fazendo e, quando busquei ajuda, percebi que, para os grandes agentes de investimento, meu patrimônio era pequeno demais para importar. Foi, então, que decidi estudar por conta própria sobre mercado financeiro, economia e investimentos. Eu não queria depender de ninguém para me dizer o que fazer com meu dinheiro. Ali, comecei a aplicar a lição número um do livro: o mundo interior transforma o exterior. Durante esse processo, algo maravilhoso aconteceu. Descobri uma paixão. Descobrir que poderia mudar a vida de milhões de pessoas a não cometer os mesmos erros que cometi. Aqui estou, compartilhando minhas experiências com você.

O sucesso depende de 10% de inspiração e 90% de transpiração, o primeiro passo para tê-lo a seu favor é cuidar de três coisas: corpo, mente e espírito. Tenha Deus no seu coração e entenda que Ele é o caminho, a verdade e a vida. Sem Ele, você pode até realizar algumas coisas, mas não será algo grandioso. A passagem bíblica que mudou minha vida, e que acredito que pode mudar a sua, é esta: "Buscai em primeiro lugar o Reino de Deus e a sua justiça e todas estas coisas vos serão dadas em acréscimo. Não vos preocupeis pois com o dia de amanhã, o dia de amanhã terá as suas preocupações próprias. A cada dia basta o seu cuidado" (Mateus 6:33-34).

Essa passagem nos ensina três lições poderosas.

1. Busque o Reino de Deus, porque viemos de lá e para lá voltaremos.
2. Não sofra com as ansiedades do futuro, porque o amanhã só pertence a Ele.
3. Sua atitude hoje determina sua altitude amanhã. O futuro é construído no presente. Faça o que você pode, onde você está, com o que você tem, mas faça.

O segundo ponto é cuidar da sua mente. Leia, busque conhecimento. No livro *A coragem de não agradar* (2021), Ichiro Kishimi fala que somos os únicos responsáveis por mudarmos a nós mesmos. O mundo e a vida são simples; nós é que complicamos. David Goggins, no livro *Nada pode me ferir* (2023, p. 1), começa com uma frase impactante: "O caminho para a coragem e o sucesso passa por abraçarmos a dor e o medo, não evitá-los". Já Jim Kwik, em *Sem limites* (2021, p. 1-3), afirma que não precisamos de magia para mudar o mundo, porque já temos todo o poder dentro de nós. E ele completa com uma metáfora poderosa: "Se um ovo é quebrado por uma força externa, a vida acaba. Mas, se ele é quebrado por uma força interna, a vida começa".

Esses exemplos mostram que grandes transformações ocorrem de dentro para fora. Cuidar da mente é essencial e manter uma atitude mental positiva, como ensinou Napoleon Hill, é o caminho para alcançar grandes resultados.

O terceiro e último passo é cuidar do seu corpo. Ele é o templo sagrado. De que adianta conquistar grandes feitos se você não tiver saúde para aproveitá-los? Em 2013, eu não cuidava do meu corpo, não tinha intimidade com Deus e minha mente estava cheia de preocupações. O resultado? Desemprego, falta de autoestima e de esperança. A partir do momento em que mudei minha mentalidade, tudo começou a mudar.

Existe uma frase famosa que diz: "O ser humano vive dois grandes momentos na vida: o primeiro é quando chega ao mundo, e o segundo é quando encontra o propósito de sua existência". A Bíblia nos ensina que fomos criadas à imagem e semelhança de Deus. Nascemos para sermos reis, sacerdotes e profetas, para sermos felizes e realizados. Se o que você faz hoje não lhe traz paz e não lhe deixa feliz de verdade, talvez seja hora de buscar um novo caminho, encare seus medos e busque realizar seus sonhos.

Acredite, já tive empresas e sociedades que me remuneravam bem, mas a verdadeira felicidade e realização só encontrei quando alinhei meu propósito com minhas ações. A liberdade é a oportunidade da autodisciplina. Diante disso, eu lhe convido a refletir e colocar em prática o seu comportamento determina os seus horizontes. Antes de seguir, escaneie o *QR Code* no início deste capítulo e tenha acesso a conteúdo exclusivos que vão acelerar ainda mais sua jornada rumo ao sucesso.

Referências bibliográficas

BÍBLIA Ave Maria. 219. ed. São Paulo: Editora Ave-Maria, 2023.

EKER, T. H. *Os segredos da mente milionária*. Rio de Janeiro: Sextante, 2021.

GOGGINS, D. *Nada pode me ferir*. Rio de Janeiro: Sextante, 2023.

KISHIMI, I.; KOGA, F. *A coragem de não agradar*. Rio de Janeiro: Sextante, 2021.

KWIK, J. *Sem limites*. São Paulo: Alta Life, 2021.

SINEK, S. *O jogo infinito*. Rio de Janeiro: Sextante, 2020.

“O seu comportamento determina os seus horizontes.”

Pedro Vasco

Rodrigo Vazquez

Sou Rodrigo Vazquez, economista, empresário e pai de Jairo Fonseca. Casado com Ana Fonseca, compartilho minha jornada com minha família, que é minha base e inspiração. Com sólida experiência no mercado de seguro, garantia e análise estratégica, dedico minha trajetória à construção de soluções inteligentes para negócios, sempre buscando inovação e excelência. Minha motivação está na busca constante pelo próximo passo, equilibrando visão de longo prazo e execução meticulosa.

Lidero minha empresa focando os resultados e explorando oportunidades em seguros, investimentos e prospecção de grandes negócios. Comprometido com impacto e eficiência, transformo desafios em crescimento sustentável.

in Rodrigo Vazquez

25

O IMPACTO DA AUTOMOTIVAÇÃO

Por Rodrigo Vazquez

Em 1995, prestes a completar 18 anos, minha vida parecia estagnada. A escola já não fazia parte dos meus planos após duas reprovações na 7ª série e o 1º ano do colegial ficou para trás. Trabalhar era minha única alternativa. Desde os 13 anos, tinha me ocupado como entregador de leite e, aos 17, alternava empregos temporários como vendedor de roupas – uma opção prática e fácil na época.

Sonhar com uma profissão? Isso parecia inalcançável. Minha prioridade era escapar das comparações dentro da família, especialmente com minhas primas, sempre celebradas pelo sucesso nos estudos. Cada comparação era um lembrete do quanto eu me sentia inferior. Esse ambiente me afastava cada vez mais. Lá fora, o cenário não era melhor. O distanciamento da família me levou a um ambiente perigoso, onde o crime surgia como uma alternativa real. Cheguei à beira de ingressar em uma rede de estelionato bem-estruturada, quando algo inesperado aconteceu.

Sentado no degrau de um bar, perdido em pensamentos, fui abordado por um vizinho. Ele mencionou um curso de seguros que faria e perguntou se eu gostaria de acompanhá-lo. A ideia me interessou, mas o curso da Funenseg custava mais do que eu podia pagar. Quando pedi ajuda à minha mãe, ela recusou de forma dura: "Não vou investir em quem não quer ser alguém na vida". Essas palavras ecoaram em mim, como tantos outros rótulos destrutivos que já tinha ouvido.

Mas minha tia, que sempre acreditou em mim, fez o que ninguém mais fez: apostou no meu potencial. Ela pagou minha matrícula e eu abracei aquela oportunidade com toda a determinação que tinha. Apesar de me sentir deslocado entre profissionais experientes, enfrentei os seis meses de curso com um pensamento fixo: “Agora, ninguém vai me segurar”.

O peso das comparações e a busca por identidade

A automotivação foi essencial para superar as comparações sufocantes em casa. Estudava na mesma escola particular das minhas primas e fazia o mesmo curso de inglês, mas as condições financeiras tornavam evidente o meu deslocamento. Nos almoços na casa delas, eu me sentava à lateral da mesa, intimidado até mesmo para comer um segundo pedaço de carne.

Após o almoço, enquanto meu tio saía e minhas primas se recolhiam aos seus quartos, eu vagava pela casa, carregando o peso das tarefas do colégio e da solidão. Com pais separados desde cedo e sem contato com meu pai, o desespero silencioso me levou à rebeldia, culminando em duas reprovações na 7ª série. Apesar de parecer um fracasso, para mim, foi um alívio: estava livre daquele ambiente. Mudar para a casa dos meus avós foi um refúgio de amor genuíno. Porém, a paz se quebrou quando minha mãe decidiu que eu seria transferido para uma escola pública. No primeiro dia, minhas roupas de marca destoaram da turma e enfrentei exclusão.

Mas algo mudou: meu conhecimento em inglês e matemática, antes motivo de inferioridade, tornou-se uma vantagem. Comecei a ensinar os colegas e, aos poucos, ganhei respeito. O que parecia um castigo se transformou em uma lição de vida: eu podia vencer em qualquer circunstância.

A virada: motivação e responsabilidade

Aos 16 anos, minha vida tomou um golpe devastador com a morte do meu avô, aquele que mais me apoiava. O luto trouxe rebeldia e meu mergulho no mundo do crime foi inevitável. Uma das experiências mais marcantes dessa fase foi entrar em um velório durante a madrugada, usando um cheque roubado para enganar uma vítima em luto.

Nesse período sombrio, minha avó se tornou meu ponto de luz. Decidi usar a aliança de bodas de prata do meu avô como símbolo de lealdade e fiz uma promessa: cuidaria dela até o último dia de sua vida. Foi essa promessa que me resgatou. Terminei o curso de seguros e, motivado pelo amor à minha avó, agarrei a responsabilidade que a vida me exigia. Minha motivação se consolidou no desejo de provar, a mim mesmo e à minha mãe, que eu poderia mudar meu rumo.

O primeiro emprego no ramo de seguros e a ascensão profissional

Em 1995, iniciei minha trajetória no ramo de seguros. Fui contratado por uma corretora para cuidar de sinistros, intermediando clientes e seguradoras na resolução de danos. Fascinado por esse universo, mergulhei de cabeça, mesmo sem ter concluído o Ensino Médio. Para corrigir isso, eu me matriculei em um supletivo e eliminei dois anos em um.

Meu foco era aprender. Um momento marcante foi no Shopping Ibirapuera, onde acompanhei um corretor para atender uma loja de perfumes danificada pela fumaça de um incêndio na loja vizinha. Observei dois vistoriadores da seguradora avaliando os prejuízos e decidi que queria seguir esse caminho. Em 1997, enquanto entregava documentos em uma empresa de vistorias, pedi uma chance. Meu entusiasmo era genuíno. Dias depois, passando pela Avenida Rio Branco, avistei os prédios imponentes de uma seguradora e disse a um amigo: "Um dia, vou trabalhar aqui".

Pouco depois, fui encaminhado a uma renomada reguladora de seguros, onde conheci o Sr. Levy Nascimento. Após uma conversa, ele foi direto: "Você é muito ruim, o pior". Insisti e conquistei minha oportunidade. Logo, o Sr. Levy precisou de um vistoriador no interior de São Paulo. Mesmo atendendo trinta casos mensais em São Paulo, aceitei o desafio, sabendo que começaria com apenas três ou quatro. Sem casa e com pouco dinheiro, morei em um posto de gasolina até alugar um apartamento.

Em dois anos, meu volume de trabalho cresceu, minhas habilidades se consolidaram e em 1º de agosto de 2002 entrei na seguradora que tanto sonhara, iniciando um novo capítulo da minha vida.

A experiência em uma grande seguradora

A entrada nessa seguradora foi um marco. Fui contratado com outros novos vistoriadores, enquanto alguns mais experientes já dominavam o ambiente. Era literalmente cada um por si e o clima competitivo exigia resiliência e estratégia. Para mim, aquele ambiente lembrava os tempos do colégio público, em que precisei superar desafios para conquistar respeito e espaço.

Minha dedicação aos detalhes rapidamente me destacou. Tinha aprendido com um dos melhores vistoriadores do mercado, o que me deu uma vantagem. Passava horas analisando processos e observando como ele fazia o trabalho. Esse esforço não passou despercebido pela liderança e logo ganhei sua confiança.

Um dos casos mais emblemáticos que me trouxe reconhecimento foi a indenização das gravações do filme *Cazuza: o tempo não para*. Problemas em uma câmera de filmagem obrigaram a refilmar cenas importantes e minha análise criteriosa do caso garantiu a solução adequada.

Gradualmente, fui consolidando minha posição como um dos principais vistoriadores da companhia. A experiência adquirida, somada à minha determinação, transformou o que antes era apenas um sonho distante na Avenida Rio Branco em uma realidade que marcaria minha trajetória para sempre.

A automotivação como pilar de transformação

A automotivação em mim se transformou em uma ferramenta incrivelmente poderosa, capaz de me tirar de situações adversas e guiar minhas maiores conquistas. Quando já atuava como gestor nessa seguradora, vivi um dos capítulos mais marcantes da minha vida: conhecer Ana Paula Fonseca, o amor da minha vida. Foi amor à primeira vista. Assim que fomos apresentados, algo dentro de mim falou alto: "É com ela que vou me casar".

Pouco tempo depois, em menos de um ano, começamos a nos envolver. A cada dia, minha admiração por ela crescia, especialmente por sua dedicação como mãe de Jairo, que na época tinha apenas 7 anos. Ana era uma mulher incrível, cheia de força e determinação, e logo vislumbrei a possibilidade de construirmos uma família e seguirmos juntos em nossas carreiras na seguradora.

Entretanto, o destino nos apresentou um desafio inesperado. Nosso gerente, sem razão aparente, decidiu demitir Ana. Até então, qualquer possível conflito de interesse por trabalharmos na mesma área já havia sido resolvido, pois eu tinha migrado para outra empresa do grupo. Ainda assim, lá estava ela, desempregada, com um filho para criar, enquanto eu me sentia, de certa forma, o pivô dessa situação.

Foi então que uma ideia nasceu. Eu a convidei para montarmos uma corretora de seguros focada em um nicho específico: o ramo de garantia. Ana, mesmo sem conhecer a fundo o produto, aceitou o desafio com a garra que sempre a caracterizou.

A primeira apólice e o símbolo dos R$ 7

Durante uma convenção de fim de ano no Royal Palm Plaza, recebi uma ligação de Ana. Com entusiasmo, ela anunciou que havíamos fechado nossa primeira apólice. A comissão? R$ 7. Aquele valor, embora pequeno, tornou-se um grande símbolo de determinação. Representava o início de uma jornada de coragem e dedicação. Ana, mesmo surpresa com o começo modesto, acreditou em mim, assim como eu nela. Unidos, transformamos os R$ 7 em um negócio de grande sucesso.

De uma ideia a um legado

Hoje, após 10 anos, os R$ 7 se multiplicaram em milhões de reais em faturamento anual com a nossa corretora, Vazquez & Fonseca. Construímos um negócio que conquistou respeito, admiração e autoridade no ramo de seguros.

Formamos também uma família com amor e cumplicidade. Jairo, que naquele começo tinha 7 anos, hoje é um homem de 20 anos, trilhando seu próprio caminho. Nossa história, tanto pessoal quanto profissional, é uma prova do que a determinação e a automotivação podem alcançar.

Ao longo de tudo isso, minha lealdade permaneceu inabalável. Cuidei da minha avó até o último dia de sua vida, em 2022, quando ela foi se reencontrar com meu avô. Esse compromisso que assumi ainda jovem se estendeu a cada área da minha vida: à família, aos negócios e a mim mesmo.

Reflexão final: o que lhe motiva?

A automotivação está em todos nós. O segredo é dar pequenos passos dentro da sua realidade, focando a direção, não o ponto de partida. Transforme desafios em conquistas. E você, o que lhe motiva?

> “Ninguém gosta mais de você do que você mesmo. Ouça sua intuição, confie em si e construa seu caminho com determinação e autenticidade.”

Rodrigo Vazquez

Romero Menezes

Romero Menezes, natural de Frutal/MG. Apaixonado pelo empreendedorismo e sempre em busca de alcançar novos sonhos e novos objetivos.

Sócio de três empresas prestadoras de serviços nos ramos de contabilidade, seguros e crédito consignado. Graduado em Ciências Contábeis pela FISO de Barretos/SP e Administração pela Universidade do Estado de Minas Gerais (UEMG). Gosto de fazer amizades, de conhecer pessoas, de transformar vidas por meio do conhecimento e do trabalho e de superar desafios.

Minha trajetória iniciou em 2013, quando inaugurei o Escritório Contábil Ideal. Graças a Deus e ao *networking*, hoje tenho uma grande carteira de clientes.

Tenho uma mulher empreendedora e juntos gerenciamos nossas três empresas.

Minha missão é levar a palavra de Deus, incentivar pessoas terem uma vida melhor a cada dia através de um trabalho digno.

eusouromeromenezes
+55 (34) 99781-2800

NEGOCIANDO
COM O SUCESSO

26

A IMPORTÂNCIA DO *NETWORKING* NO SUCESSO

Por Romero Menezes

O que é networking?

N*etworking* é o processo de estabelecer e cultivar uma rede de contatos profissionais e pessoais que podem ser benéficos para ambas as partes, essa prática é fundamental no mundo dos negócios e pode ajudar na troca de informações, na criação de oportunidades de emprego, no desenvolvimento de parcerias e na troca de conhecimentos.

Elementos importantes que compõe o *networking*:

- **Construção de relacionamentos:** o *networking* envolve a construção de relacionamentos sólidos e duradouros com pessoas que podem oferecer suporte, conselhos ou oportunidades, além de ajudar você a não cometer os mesmos erros que alguém cometeu anteriormente.
- **Troca de informações:** através do *networking*, as pessoas compartilham informações sobre suas áreas de atuação, tendências do mercado, oportunidades de negócios e até recomendações, indicações e construção de grandes amizades.
- **Oportunidades:** muitas vezes, as melhores oportunidades de emprego ou negócios surgem através de indicações feitas por contatos de amizade ou clientes. Ter uma boa rede pode abrir portas que talvez não estivessem disponíveis e de forma, às vezes, muito mais rápida.
- **Eventos:** participar de conferências, feiras, *workshops*, igrejas, clubes de serviços, maçonaria, associações de empresários de sua cidade e outros eventos é uma excelente maneira de praticar o *networking*. Esses ambientes são propícios para conhecer novas pessoas e expandir sua rede.
- **Redes sociais:** plataformas como LinkedIn, Instagram, Facebook e outras redes sociais/profissionais também são ferramentas poderosas para *networking*. Elas permitem

que você se conecte com colegas de profissão, participe de grupos relevantes e compartilhe seu trabalho.

- **Reciprocidade:** o *networking* não deve ser visto apenas como uma busca por benefícios pessoais. Sempre é importante oferecer ajuda e suporte aos seus contatos também. Isso cria um ambiente colaborativo e fortalece as relações.

Dicas para um *networking* eficaz

- **Seja autêntico:** mostre interesse genuíno nas pessoas com quem você se conecta. Sempre converse olhando nos olhos da pessoa, isso gera mais conexões.
- **Mantenha contato:** não basta fazer a conexão, é importante manter o relacionamento ativo por meio de mensagens, encontros ou interações nas redes sociais.
- **Esteja preparado:** tenha uma breve apresentação sobre quem você é e o que faz, isso ajudará você muito a fazer conexões.
- **Aproveite as redes sociais:** utilize plataformas de todas as redes sócias veja onde está seu público-alvo e se prepare para se conectar com profissionais da sua área.
- **Ofereça valor:** compartilhe informações úteis, faça apresentações entre contatos ou ajude quando puder, não apenas querer para você, sempre é bom oferecer algo ser útil, sempre temos a ganhar, se não for com aquela pessoa Deus está vendo tudo de bom que você planta e a colheita virá.

Principais características do *networking*

- **Interação social:** envolve a comunicação e o relacionamento com outras pessoas.
- **Objetivo profissional:** focado em criar oportunidades que beneficiem a carreira ou os negócios.
- **Reciprocidade:** a troca de valor é fundamental; tanto dar quanto receber são importantes.
- **Construção de relacionamentos:** baseia-se na criação de vínculos duradouros.

Networking é uma prática essencial em muitas áreas profissionais, pois pode ajudar a expandir horizontes e facilitar o acesso a novas oportunidades. Um bom *networking* é essencial para o sucesso em diversas áreas, especialmente no mundo profissional.

A seguir, estão algumas razões que destacam sua importância.

- **Acesso a oportunidades:** muitas oportunidades de emprego e negócios surgem por meio de indicações e conexões. Um bom *networking* pode abrir portas que, de outra forma, poderiam permanecer fechadas.

- **Troca de conhecimento:** através do *networking*, você pode aprender com as experiências dos outros, receber conselhos valiosos e se manter atualizado sobre tendências e melhores práticas em sua área, além de evitar erros que talvez você possa cometer em seu negócio.
- **Apoio e mentoria:** conectar-se com profissionais mais experientes pode proporcionar acesso a mentoria e orientação, ajudando a guiar sua carreira e a evitar armadilhas comuns.
- **Desenvolvimento de habilidades:** interagir com uma variedade de pessoas pode ajudar você a desenvolver habilidades interpessoais, como comunicação, negociação e empatia, que são essenciais para o sucesso em qualquer campo.
- **Fortalecimento da credibilidade:** ser parte de uma rede respeitável pode aumentar sua credibilidade no mercado. Quando as pessoas confiam em você e reconhecem seu trabalho, isso pode resultar em mais recomendações e oportunidades. E várias indicações.
- **Colaborações e parcerias:** um bom *networking* facilita a formação de parcerias estratégicas que podem levar a projetos colaborativos, inovações ou novos empreendimentos.
- **Visibilidade:** participar ativamente de eventos e interações sociais aumenta sua visibilidade no mercado, fazendo com que mais pessoas conheçam suas habilidades e experiências.
- **Suporte emocional:** o *networking* também pode oferecer um senso de comunidade e apoio emocional durante os altos e baixos da sua carreira. Ter uma rede sólida pode ser reconfortante, tanto em momentos que sua carreira ou seu negócio não está bem.
- **Acesso a recursos:** muitas vezes, seus contatos podem fornecer informações sobre recursos úteis, como cursos, treinamentos ou ferramentas que podem impulsionar sua carreira, bem como alguns recursos financeiros com alguma parceria.

Como uma pessoa tímida consegue fazer *networking*?

Por mais que seja desafiador, existem várias estratégias que podem ajudar a tornar esse processo mais confortável e eficaz. Vejam algumas dessas dicas a seguir.

- **Prepare-se antecipadamente:** antes de um evento, pesquise sobre os participantes ou palestrantes. Ter informações em mente pode facilitar a iniciação de conversas.

- **Defina objetivos:** estabeleça metas realistas, como conhecer uma ou duas pessoas durante um evento. Isso reduz a pressão e torna o objetivo mais alcançável.
- **Tenha perguntas abertas em mente:** prepare algumas perguntas abertas que incentivem os outros a falarem sobre si mesmos. Isso pode aliviar a pressão de você ter que falar muito.
- **Concentre-se nos outros:** em vez de se preocupar com o que você deve dizer, foque em ouvir e mostrar interesse genuíno nas histórias e experiências dos outros e, sempre que você tiver algo a oferecer, não se esqueça de que seja interessante e não interesseiro.
- **Pratique em ambientes menores:** comece praticando *networking* em grupos menores ou com amigos de amigos. Isso pode ser menos intimidador do que grandes eventos, até que você esteja preparado em buscar em locais maiores.
- **Utilize as redes sociais:** as redes sociais em geral são ótimas para se conectar sem a pressão de interações presenciais. Você pode iniciar conversas por mensagem antes de se encontrar pessoalmente.
- **Participe de grupos e comunidades:** junte-se a grupos relacionados à sua área de interesse, onde você possa interagir com pessoas que compartilham interesses semelhantes. Isso facilita o início de conversas.
- **Leve um amigo:** se possível, vá a eventos com um amigo ou um colega que seja mais extrovertido. Eles podem ajudar a quebrar o gelo e facilitar interações.
- **Pratique técnicas de relaxamento:** técnicas como respiração profunda ou visualização positiva podem ajudar a acalmar os nervos antes de um evento.
- **Celebre pequenas vitórias:** reconheça seus esforços, mesmo que sejam pequenos, como iniciar uma conversa ou fazer um novo contato. Isso ajuda a construir confiança ao longo do tempo.
- **Seja autêntico:** não tente ser alguém que você não é. Seja você mesmo e não tenha medo de mostrar sua timidez, muitas pessoas podem se identificar com isso.

Lembre-se o *networking* é uma habilidade que pode ser desenvolvida com prática e paciência. Cada interação é uma oportunidade para aprender e crescer.

Fazer *networking* em um escritório de contabilidade pode ser extremamente valioso para expandir seus clientes e estabelecer parcerias.

O sucesso do *networking* para empresas prestadoras de serviços

- **Participação em eventos do setor (conferências e seminários):** participe de eventos relacionados a contabilidade, finanças e negócios. Esses eventos são uma ótima oportunidade para conhecer outros profissionais da área e potenciais clientes.
- **Feiras de negócios:** muitas feiras reúnem empresários que podem precisar de serviços contábeis. Participe como visitante, trocando cartões e fazendo contatos.
- **Grupos e associações profissionais (associações de contabilidade):** junte-se a associações locais ou nacionais que reúnem contadores. Isso não só amplia sua rede, mas também oferece acesso a recursos e informações do setor.
- **Grupos de *networking*:** participe de grupos como o BNI (*Business Network Internacional*) ou outras redes locais que promovem o *networking* entre empresas.
- **Redes sociais profissionais:** crie um perfil profissional forte e se ative em grupos relacionados a contabilidade e finanças. Compartilhe conteúdos relevantes, participe de discussões e se conecte com profissionais da área.
- **Postagens regulares:** compartilhe dicas contábeis, atualizações sobre legislação fiscal ou cases de sucesso do seu escritório nas redes sociais para atrair a atenção e criar autoridade.
- **Colaboração com outros profissionais:** faça parcerias com advogados, consultores financeiros ou empresas de gestão que possam indicar seus serviços a seus clientes.
- **Programas de indicações:** crie um programa de indicações em que outros profissionais possam ganhar uma comissão por cada cliente que você conseguir por meio deles.
- **Utilização de referências:** peça aos seus clientes satisfeitos que indiquem seus serviços a amigos e conhecidos. As referências pessoais são uma das formas mais eficazes de conseguir novos clientes.

"Em locais novos, encontra-se gente nova. Gente nova lhe dá ideia nova. Ideia nova lhe dá ação nova. Ação nova lhe dá resultado novo."

Romero Menezes

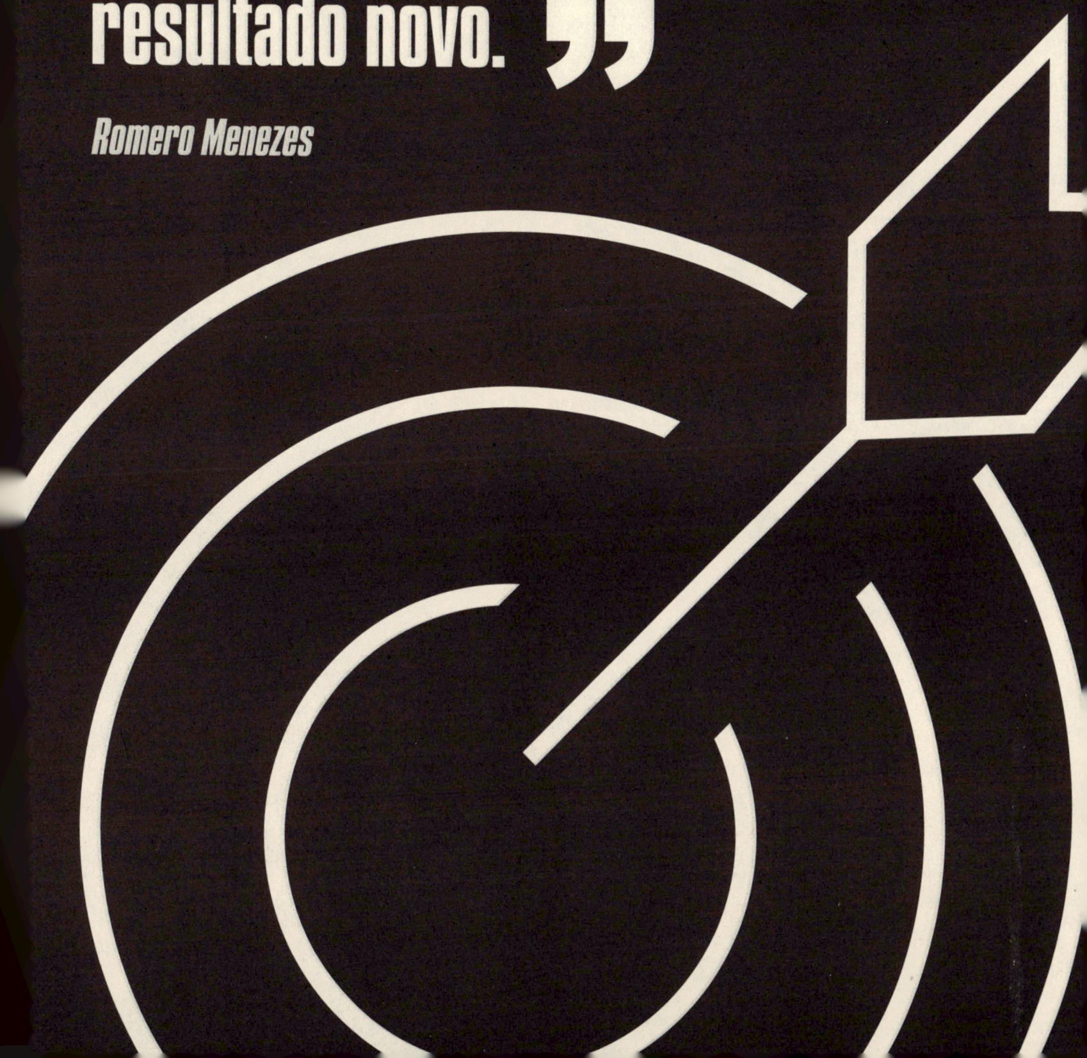

Sebila Consoli

Sou Sebila Consoli, 37 anos, casada, mãe de duas filhas. Moro em Formosa do Sul/SC e atuo no segmento da Estética com uma carreira sólida e inspiradora. Sou formada em Administração, Ciências Contábeis, Estética e Biomedicina e pós-graduada em Biomedicina Estética.

Venho de uma família de pais agricultores que me ensinaram a ser honesta, batalhadora e não desistir dos meus objetivos. Superei muitos desafios estudando em escola pública e internato. Em minha trajetória, tive várias experiências como diarista, babá, representante comercial e servidora pública.

Há dez anos, estou no ramo da Estética. Conquistei uma clínica-matriz em Formosa do Sul e também uma filial, há três anos, na cidade vizinha de Quilombo/SC. Sempre estou em constante aprendizado.

sebila_consoli

27

O VALOR DA PERSISTÊNCIA: UMA NOVA HISTÓRIA

Por Sebila Consoli

No mundo da estética, onde a concorrência é nítida e as tendências mudam constantemente, a persistência se torna uma das chaves para o sucesso. Minha história, marcada por desafios e superações, é um testemunho de como a determinação pode transformar sonhos em realidade.

Desde a minha infância, cresci em ambientes que me ensinaram a valorizar o trabalho árduo e braçal. Nascida em uma família de agricultores, comecei a trabalhar cedo na roça e, quando saí de casa, exerci diversas funções: de diarista a babá, servidora pública, costureira e até representante comercial. Cada uma dessas experiências me ensinou algo valioso, formando meu caráter e minha visão sobre o que significa lutar pelos próprios objetivos e sonhos.

Eu me casei cedo. Para todos os olhos, eu era uma mulher que parecia ter a vida perfeita. No entanto, por trás das portas fechadas, eu enfrentava um pesadelo silencioso. O sonho de ter uma família que um dia me fez sorrir se transformou em um ciclo de abuso e violência, sufocando minha essência e sonho. Mas chegou o momento em que resolvi escrever minha história.

Minha rotina era marcada pelo medo e pela insegurança. Cada dia era uma luta para manter a aparência de felicidade, enquanto no interior eu me despedaçava. Em um momento de coragem, decidi deixar tudo para trás, dando início a uma transformação que mudaria minha vida para sempre.

De início, parecia que eu não iria dar conta. Tinha uma filha pequena e nada mais a não ser a cara e a coragem. Teve momentos que pensei em desistir, mas sabia que eu não podia deixar minha filha para traz para que ela vivesse o pesadelo que eu vivi. Iniciei literalmente do zero, precisei comprar tudo para iniciar essa nova fase da minha história – por isso digo que eu dou valor desse o primeiro garfo que comprei. Após um tempo, já com algumas coisas alinhadas e vendo que estava conseguindo dar conta, eu me casei novamente com quem hoje é pai das minhas duas filhas – sim, ele aceitou assumir a primogênita –, meu companheiro que há doze anos está ao meu lado me apoiando sempre nos obstáculos e nas conquistas que realizamos juntos.

Assim iniciou um novo renascer, um recomeço de muita coragem e persistência. A decisão de entrar na área da Estética surgiu do meu desejo de ajudar as pessoas a se sentirem mais confiantes e felizes com suas aparências, trazendo o bem-estar físico e emocional. Com uma formação acadêmica diversificada, percebi que poderia unir conhecimentos técnicos a uma abordagem humanizada, criando um espaço onde cada cliente se sentisse especial. Porém, a estrada não foi fácil. A abertura da minha clínica em Formosa do Sul foi precedida por noites trabalhando até tarde, estudos incessantes.

Nos primeiros anos, enfrentei muitos desafios. Não tinha muitos clientes; as incertezas financeiras e a pressão de conciliar a vida profissional com estudos, casa, filhas e esposo me desafiavam. Mas a persistência era uma força que tinha. Eu sabia que cada pequeno esforço contava. Cada cliente atendido, cada relato recebido, cada novo protocolo aprendido era um passo em direção ao meu objetivo maior do que eu: oferecer o melhor na estética.

Após um tempo, minha dedicação começou a ser vista. A clínica se tornou conhecida na região e a abertura da filial em Quilombo foi mais uma conquista. Hoje, atendo em ambas as clínicas, dividindo meu tempo entre matriz e filial, mas sempre atendendo com o mesmo amor e atenção que dedico a cada um.

A estética também pode ajudar as pessoas a aceitarem suas características individuais. Ao enfatizar a beleza individual e trabalhar com o que cada um já tem, a estética promove uma concepção positiva sobre a própria imagem. Escolher cuidar da própria aparência pode ser um ato de coragem. O sentimento de cuidar de si mesmo, seja por meio de cuidados com a pele, cabelo ou corpo, pode trazer uma sensação de bem-estar e satisfação, repercutindo positivamente na autoestima. E como nos apresentamos diante a sociedade pode influenciar nossas interações sociais.

A consequência que a estética pode trazer na autoestima vai muito além de padrões de beleza. Nos últimos anos, ela tem mostrado que a aparência física pode ter um impacto significativo na saúde mental. Quando as pessoas se sentem inseguras sobre sua aparência, isso pode levar a problemas como ansiedade e depressão. Por outro lado, cuidar da estética, seja através de cuidados pessoais ou procedimentos estéticos, pode proporcionar um alívio emocional, aumentando a sensação de bem-estar e felicidade. A maneira como as pessoas escolhem se apresentar ao mundo, por meio de roupas, maquiagem, penteados e cuidados com a pele, pode refletir sua personalidade e estilo de vida. Essa expressão pode ser libertadora e permitir que elas se sintam autênticas e confiantes em ser quem realmente são, podendo reforçar a autoestima.

Hoje, vivemos em um mundo onde o digital e o crescimento das redes sociais mudam a concepção da estética diariamente. Enquanto algumas pessoas podem sentir pressão para aceitar padrões de beleza não reais, outras encontram conforto e apoio em comunidades on-line e influenciadores. Isso pode trazer a aceitação de diversos padrões belezas e oportunizar uma autoestima mais saudável.

Eu, como profissional da estética, não apenas ajudo a melhorar a aparência, mas também ofereço avaliar qual o protocolo mais adequado e aceitável para que o cliente não se sinta pressionado pelos padrões propostos pela mídia e, sim, para ouvi-los e valorizá-los no que vai condizer melhor com sua aparência, deixando seu emocional e psicológico seguros.

Dentro do contexto de padrões de beleza a persistir nos objetivos, tudo isso pode se tratar de um sonho só – tanto persistir em se tornar uma empreendedora de sucesso, quanto em mudar de vida tendo uma vida saudável. Sou espelho disso; na correria do dia a dia, trabalho, casa, filhas, marido, estudar, vida social, eu me esqueci de mim como mulher, símbolo de beleza e cuidado. Eu me descuidei comigo mesma, não me preocupei com isso até quando eu me tornei esteticista. Não me sentia confortável trabalhando com estética, cuidando de pessoas que queriam melhorar sua autoestima e sem fazer isso a mim mesma. Trago comigo o peso da persistência não só na minha vida de obstáculos e superações, mas na balança também – sim, a balança de peso em quilos.

Foi quando comecei a estudar e ter um entendimento que estética não era só beleza e sim saúde, que saí dos 98 kg para 65 kg, foram longos três anos de muita persistência, dedicação e procedimentos estéticos, que junto com a persistência em mudar de vida e ser bem-sucedida como empreendedora me fizeram ser uma mulher mais saudável, com mais disposição e entusiasmo para lutar e conquistar objetivos e sonhos que ainda idealizo.

Por isso, a persistência não se trata apenas de lutar por um sonho ou um objetivo, mas de se adequar e evoluir com o tempo. As novas tecnologias e técnicas na estética estão em constante evolução e eu busco sempre me atualizar, fazendo cursos, trocas de experiências e *workshops*. O desejo de oferecer o que há de melhor é o que me faz não parar; cada procedimento novo que aprendo é uma oportunidade de entregar resultados ainda mais significativos aos meus clientes.

E, principalmente, ser mãe de duas filhas me ensinou sobre a importância de servir de espelho a elas. Quero que elas vejam que é possível conquistar tudo o que se deseja, mesmo que o caminho seja repleto de desafios. Digo a elas o que meus pais sempre me diziam: nunca desistir de lutar por nossos sonhos e de estar perto de pessoas que acreditam nelas.

Persistência é um preço que se aplica não apenas no meu negócio, mas à minha vida. Nesses anos, aprendi a valorizar cada pequena conquista, cada dificuldade e todos os recomeços. Assim, ao escrever este capítulo, desejo que motive outras pessoas a serem persistentes em seu caminho, independentemente dos obstáculos que enfrentem. O caminho pode ser árduo, mas a colheita é infinitamente gratificante e satisfatória.

Finalmente, tenho a dizer que a autoestima não deve depender apenas da aparência física, mas deve ser alimentada por uma combinação de fatores, incluindo saúde mental, relacionamentos saudáveis e a realização de objetivos pessoais. A estética pode ser uma parte dessa soma, mas deve ser vista como uma ferramenta que complementa uma vida equilibrada e de persistência. Ao oferecer às pessoas a oportunidade de se sentirem bem e de expressarem sua individualidade ao cuidar da aparência e do bem-estar, encontrei o caminho para a autoaceitação e a confiança de que podemos chegar aonde queremos, bastando apenas acreditar em si e nunca desistir, contribuindo para uma vida mais plena e realizada.

Após dez anos atuando na área da estética, posso olhar para trás e ver não apenas as cicatrizes que carreguei, mas também as flores que brotaram delas. A negociação com o sucesso é, na verdade, um diálogo constante com nós mesmos. É sobre reconhecer nosso valor, desafiar nossos limites e, acima de tudo, acreditar que somos capazes de escrever novas histórias.

A transformação é possível, sim, mesmo nas circunstâncias mais desafiadoras. Cada um de nós possui a capacidade de reescrever nossa história, de renascer das cinzas e de encontrar a força que reside dentro de nós.

Se você se identifica com qualquer parte da minha história, saiba que nunca é tarde para mudar. Busque apoio, acredite em si mesmo e dê o primeiro passo em direção à sua transformação. Juntos, podemos criar um mundo de pessoas empoderadas, prontas para enfrentarem qualquer desafio e conquistar a vida que merecemos. Não deixe o medo definir sua história; escolha a coragem, a persistência e a liberdade para chegar ao sucesso.

“Persistir é ter a certeza de que cada passo que damos em direção à nossa verdadeira essência nos aproxima da liberdade e do sucesso.”

Sebila Consoli

Silvana Peglow

Eu me chamo Silvana Peglow, nascida no interior de Encruzilhada do Sul/RS em uma pequena cidade, mas muito acolhedora, filha de Teobaldo Peglow (*in memoriam*) e Naida Machado Peglow.

Tenho minha formação em Enfermagem e por muitos anos atuei na área da saúde, no hospital, pronto-atendimento e posto de saúde. Com o passar do tempo e muitos exaustivos plantões, percebi que era hora de mudar, mas sempre com o intuito de cuidar de pessoas. Foi quando decidi começar a minha pós-graduação em Estética; logo em seguida, fiz residência em harmonização facial.

Hoje, sou empresária nas áreas da saúde e da beleza. Tenho uma clínica de estética, onde continuo auxiliando pessoas a realçarem sua melhor versão, tornando-as mais felizes.

peglowsilvana

+55 (51) 99707-7416

silvanapeglow87@gmail.com

28

EM BUSCA DE UM SONHO DE SUCESSO

Por Silvana Peglow

No momento em que fui convidada a escrever este capítulo, vieram vários pensamentos: mas como? Não sou escritora. Não parecia real, como foi que me encontraram? Nada parecia fazer sentido, porém lembrei que eu sempre acreditei que "Deus não escolhe os preparados, ele prepara os escolhidos".

Quando comecei a escrever, foram surgindo muitas lembranças da minha história. Entre lembranças e saudades, eu me lembro da minha infância no campo. Não possuíamos energia elétrica e tão pouco automóvel; nosso meio de transporte era o cavalo ou a carroça. Vida simples, mas ao mesmo tempo feliz, em que meus pais me ensinavam, com muito amor e carinho.

Nessa época, parecia que o tempo não passava, a diversão era garantida com os irmãos e primos, as brincadeiras eram variadas: pega-pega, esconde-esconde, jogar bola no meio do campo, tomar banho em riachos e de chuva. Posso ouvir os risos da gurizada e a felicidade estampada nos rostinhos ávidos por brincadeiras, nos momentos de tranquilidade. Tínhamos uma TV em preto e branco, bem pequena, que quase sempre não funcionava, porque o pequeno gerador vivia quebrado, mas era com ela que eu dava asas à minha imaginação.

Mas ainda tinha os sonhos, ah!, esses sim eram infinitos, desde andar de avião, ficando por horas olhando a fumaça se dissipar naquele lindo céu azul que terminava no verde lindo da mata e na imensidão do infinito. Essa imagem por si própria já era um sonho e de uma beleza única.

Aos 16 anos, eu e minha família fomos morar em outra cidade, interior de Camaquã/RS. Aos 17 anos, fui com minha irmã morar na cidade, na casa dos meus tios, para seguir meus estudos. Após quatro anos, retornamos para o município de Encruzilhada/RS, onde iniciei a trabalhar e continuar os estudos.

Vencendo os meus limites

Focada a buscar novos conhecimentos, mudei para uma cidade maior, Santa Cruz do Sul/RS, para cursar o técnico em Enfermagem. Estudando pela manhã e à noite, tinha somente a tarde livre, na qual ocupava trabalhando como diarista, fazendo faxina para me sustentar e pagar os estudos, não sobrando dinheiro para pagar o transporte, me obrigando a fazer a pé o percurso, o que era cansativo para uma jornada de mais de 16 horas entre trabalho e estudo.

Durante o período do estágio, trabalhei e estagiei por oito meses consecutivos, sem um dia de folga. Estudava e trabalhava durante a semana e no domingo fazia estágio voluntário, pois era muito grande minha vontade de vencer. Em 2000, venci mais essa etapa da minha vida, concluindo a formação em técnica em enfermagem. Logo após, voltei para a minha cidade e iniciei a trabalhar no hospital.

O sonho continuava, pois eu ainda não estava satisfeita. Fui em busca de novos aprendizados, fiz vestibular e passei na UNISC para cursar Enfermagem, que era meu sonho, porém um curso bastante oneroso. Contudo, como nunca fugi das batalhas, fui em frente e consegui, com a ajuda do FIES, financiamento de 50% do curso. No entanto, o restante seria por minha conta, então precisei trabalhar como técnica em enfermagem. Após trabalhar o dia todo em uma clínica médica como secretária, pegava o ônibus e viajava 110 km até a faculdade em outro município, retornando à meia noite, quando assumia a escala da noite como técnica de enfermagem cumprindo até as 7 horas da manhã minha árdua jornada. Por muito tempo, dormi uma noite sim e outra não, porém precisei sair do hospital, devido à sobrecarga de trabalho e a necessidade de fazer estágio. Foi quando comecei a vender produtos de beleza e roupas como sacoleira, para auxiliar no meu sustento.

Finalmente, em 2008, veio a tão sonhada e almejada formatura. Pensa que parei? Que nada, continuei fazendo plantões à noite e nos finais de semana, e durante o dia trabalhava em postos de saúde do município.

Em 2011, retornei ao trabalho no hospital da cidade. Em 2014, perdi meu pai, que faleceu com câncer. Foi muito difícil, pois ele era minha fortaleza, pessoa que me ensinou a ser forte, batalhadora, honesta, sempre responsável por meus atos. Como ele dizia: "Faça o que fizer, que seja bem-feito. E se fizer coisas erradas, assuma sua responsabilidade". Nessa época, decidi morar com meu namorado, relacionamento que já vinha acontecendo há algum tempo.

Uma vida de sucesso não é sobre ter e sim sobre ser

Em 2020, veio a pandemia: todo o ser humano existente no planeta viveu dias e meses muito difíceis, em que havia medo e insegurança por toda parte. E eu estava lá, trabalhando na linha de frente, e posso afirmar com toda a certeza que foi uma grande experiência para meu desenvolvimento pessoal. No meio do desconhecido e da incerteza do amanhã, eu via o medo estampado no rosto da maioria das pessoas, enquanto eu só possuía uma certeza: somente Deus poderia nos dar a paz e a coragem para enfrentar mais essa batalha.

Nesse período, tive muitas perdas, não somente por causa do vírus. Perdas de entes queridos próximos. Tive duas perdas prematuras, meu enteado em um acidente de automóvel, e meu sobrinho, que com apenas 1 ano e 8 meses desenvolveu um câncer. A luta foi grande, mas infelizmente ele veio a falecer com apenas 3 anos.

Essas perdas pessoais me fizeram refletir sobre a importância do atendimento humanizado à população. O período de pandemia me fez enxergar que eu só teria sucesso em minha profissão se conseguisse cuidar das pessoas de modo humano, atencioso e amoroso. Foram meses difíceis me reelaborando e me transformando em uma profissional melhor, que me tornaram mais bem-sucedida, pois estava claro para mim que minha vida pessoal de fé e minha profissão estavam interligadas. Eu passei a atuar na área de Enfermagem por algo maior que eu mesma.

Hoje, só temos a agradecer a Deus por ter convivido com este pequeno, mas grande ser de luz. Criança essa que passou por nossa vida deixando uma grande lição – como ele mesmo falava: "Tudo vai passar". Realmente, tudo passa, até a dor da perda. O que ficou foi uma grande saudade e a certeza de que ele está com Deus, de que nosso amor tem que ser muito maior que nosso egoísmo. Tivemos que aceitar sua partida, pois ele não merecia ficar sofrendo. Ele cumpriu seu propósito em tão pouco tempo, unindo mais nossa família e nos fazendo ver a vida de outra perspectiva.

A importância da fé para uma vida de sucesso

Sempre tive Deus comigo, mas quando a dor é imensa, começam a aparecer os questionamentos: "Por que comigo? Por que com a gente?". É quando Deus nos testa. Porque é fácil amar a Deus quando está tudo muito bem, mas precisei me reinventar, deixar os sonhos de lado por um tempo, para descobrir realmente o sentido da vida.

Foram horas de orações e, no primeiro momento, os porquês nunca fazem sentido para nós. Precisamos entender que quanto maior o propósito, maior será a bênção, e é nesse momento que surge a verdadeira fé: é quando percebemos que tudo está certo do jeito que precisa ser para evoluirmos, que não existe crescimento sem dor e que as respostas vêm como a vida. Não é o que acontece conosco e sim o que nós fizemos com o que acontece conosco. Só temos uma saída: agradecer para evoluirmos espiritualmente.

Entre muitos percalços, preciso me salvar, eis que surge a fênix que estava adormecida. E como filha de Deus, abençoada que sou, precisei me levantar ou me levantar.

Agora, não sou mais aquela menina cheia de sonhos. Eu me tornei uma mulher forte e guerreira, precisava pôr em prática os conhecimentos da parte espiritual que aprendi e rever as perguntas que tive que fazer para o universo. Foram perguntas e mais perguntas, não importavam muito as respostas, pois eram as perguntas que precisavam ser feitas. Elas foram feitas uma a uma.

Retornei, dedicando-me totalmente à minha clínica de estética, focando os objetivos do dia e o que aprendi no autoconhecimento, que é preciso focar o presente – por isso se chama "presente" – e que esse é uma dádiva de Deus, por que o ontem passou e o amanhã é uma incógnita.

O bem e o mal existem, porém é você que escolhe de que lado vai ficar. E não basta apenas escolher, é preciso ações, pois novas ações criam novos hábitos, novos hábitos transformam pessoas.

Agora tudo começa a se encaixar, um verdadeiro propósito surge, o de cuidar do próximo, mas não somente do próximo como de mim mesma, pois como posso dar o que não tenho? Então, comecei uma dieta, aprendi a beber bastante água e a fazer exercícios. Confesso que nunca tinha conseguido me manter em uma academia por mais de dois meses, mas já estou firme há sete meses, levantando cedo. Alguns dias aproveito para caminhar também.

O que pretendo com tudo isso?

Compartilhar minha visão de sucesso. Sucesso, para mim, é definido como a capacidade de enfrentar desafios e superá-los com determinação, resiliência e propósito. Ele não está relacionado apenas a conquistas materiais, mas à realização pessoal que surge ao cuidar do próximo e de si mesma, equilibrando dedicação e autoconhecimento. O sucesso é também um reflexo da transformação interior, do aprendizado adquirido nas adversidades e da coragem de viver com propósito, renovando a si mesmo e inspirando os outros a fazerem o mesmo.

Além disso, quero inspirar mulheres maduras, que por muito tempo se dedicaram a cuidar dos familiares e se esqueceram completamente de quem são, da feminilidade, da leveza, dos seus sonhos, do autocuidado, da autoestima, pois isso não são vaidades e sim caprichos com você, cuidados com essa vida e esse corpo maravilhoso de filha de Deus abençoada que você é.

Contudo, sem querer ser a mulher maravilha que tudo pode, que tudo faz para as outras pessoas, a mãe e a esposa perfeita, que não erra e se cobra o tempo todo, mas esquece de se olhar no espelho – muitas vezes é por que não quer se enxergar ou porque tem medo do que pode ver.

Mulheres maravilhosas do meu país, vamos ser divas com 40, 50, 60, ou mais. Podendo ser o que nós quisermos e quando quisermos, nunca duvidem disso, pois tudo do que precisamos está dentro de nós mesmas. O que vier que seja para somar e jamais para dividir, que acrescente e não subtraia na sua vida.

Foi com esse autocuidado que busquei para a minha vida novos projetos, novos cursos e novas oportunidades. Com brilho no olhar e paixão pelo que se faz é que podemos colher frutos. Hoje, posso afirmar que já estou colhendo e vou colher muito mais.

Hoje, vendo beleza, autoestima e falo sempre: "Não é sobre colágeno, é sobre amor-próprio".

> Sucesso na vida é o momento em que entendemos que tudo é sobre o ser e não o ter. Bens materiais são consequências dessa descoberta.

Silvana Peglow

Thalita Lima

Sou Thalita Lima, natural de Uberlândia/MG, mãe do Enzo Gabriel, de 11 anos, empresária e fundadora da Aponte Talentos e Soluções.

No decorrer da minha trajetória profissional, diante de especializações, eu me tornei especialista em RH, atuando na linha de frente dos departamentos correlacionados a gestão de pessoas, *coaching*, PNL e departamento pessoal.

Com mais de oito anos de experiência, impactamos mais de cem empresas de diversos setores em quinze cidades, entregando mais de mil vagas profissionais e capacitação para mais de quinhentos colaboradores.

Acreditamos que processos eficientes e gestão de pessoas são chaves para o sucesso.

thalitalima.rh

apontetalentos

+55 (34) 98410-5499

Thalita Lima

thalita@apontetalentos.com.br

29 COMO USAR *FEEDBACK* PARA MELHORAR O DESEMPENHO

Por Thalita Lima

Houve um tempo em que ser chamado para uma conversa com o chefe dava até um frio na barriga – e não era à toa. Na maioria das vezes, as pessoas já imaginavam que vinha bronca ou alguma notícia nada boa. Mas, felizmente, esses tempos ficaram para trás. Hoje, quem ainda age assim está mais perto de perder talentos e ver o negócio estagnado. Comunicar bem se tornou algo muito sério, mas isso não significa que seja difícil. Pelo contrário: com alguns métodos, uma boa dose de empatia e as técnicas certas, o *feedback* pode virar uma ferramenta poderosa para impulsionar resultados e fortalecer relações.

Antes de explorarmos o tema deste capítulo, quero compartilhar uma história de uma vila nas montanhas, em que um ferreiro se destacava pela habilidade única em forjar espadas afiadas. Essa história simples, mas profunda, nos ensina uma lição poderosa sobre uma habilidade essencial nos negócios, capaz de transformar a maneira como lidamos com pessoas, processos e resultados. Então, aproveite a leitura. Talvez as próximas linhas revelem mais do que o trabalho de um artesão; talvez inspirem uma nova maneira de enxergar o caminho para alcançar a excelência.

Em uma vila no alto de uma montanha, o ferreiro era conhecido por suas espadas, mas também pelo seu método peculiar de trabalho. Ele afiava cada espada ouvindo o som que fazia ao ser batida. Com cada golpe, parava para ouvir, ajustar e só então continuava. Um aprendiz curioso, intrigado com o processo lento, perguntou por que o ferreiro não trabalhava com mais velocidade, como outros artesãos. O ferreiro sorriu e respondeu: "Cada espada é diferente e seu som me revela como posso torná-la perfeita. Se eu ignorar o som, posso deixar uma falha invisível que só aparecerá quando for tarde demais, durante o uso. Mas ao escutar e ajustar, garanto que cada uma seja impecável". Com o tempo, o aprendiz aprendeu que, ao fazer pausas para ouvir e ajustar, ele também se tornava um ferreiro mais hábil e produzia espadas que duravam e eram confiáveis.

A história do ferreiro traz uma metáfora poderosa para entender o papel do *feedback* no ambiente de trabalho. Assim como ele ajusta cada martelada para dar forma perfeita à espada, líderes e gestores podem usar o *feedback* para moldar e fortalecer equipes, processos e produtos. O ferreiro não aplica a mesma força em cada golpe, nem ignora os sons que indicam uma possível falha. Ele ouve, ajusta e, com paciência, aprimora sua criação.

No mundo dos negócios, o *feedback* funciona exatamente como esse "som" que mostra o que precisa de atenção. Ele nos ajuda a identificar tanto pontos a melhorar quanto talentos a desenvolver e age como um sensor que previne problemas, garantindo que nossas "espadas" – sejam elas projetos, estratégias ou equipes – estejam sólidas e prontas para qualquer desafio.

Quando uma empresa ignora o valor do *feedback*, é como se acumulasse "rachaduras invisíveis" que podem crescer em silêncio. São essas pequenas falhas que, sob pressão – como mudanças no mercado, exigências dos clientes ou crises internas –, podem ameaçar toda a estrutura.

Assim como o ferreiro faz pausas para ouvir e ajustar, o *feedback* deve ser um momento de escuta sincera e ação bem pensada. Esse ciclo constante de aprimoramento é o que transforma uma empresa de sobrevivente em uma organização forte e resiliente, capaz de enfrentar qualquer desafio.

Em um mercado cada vez mais exigente, em que a clareza e a comunicação eficaz são essenciais, muitos líderes, sobrecarregados de tarefas, falham em alinhar suas equipes. Essa falta de alinhamento gera desmotivação e incerteza, deixando os colaboradores sem direção e afetando a performance. Quando o *feedback* é vago, esporádico ou mal estruturado, ele perde o poder de engajamento e desenvolvimento, resultando em um ciclo de insegurança, baixa autoestima e desconfiança. Em culturas organizacionais que negligenciam o *feedback*, a comunicação se fragiliza, o alinhamento desaparece e o ambiente de trabalho se torna desconectado e desmotivador.

Por outro lado, o *feedback* bem aplicado e estruturado é uma ferramenta poderosa, capaz de transformar a dinâmica de uma equipe e os resultados de uma organização. Ele vai além de apontar acertos e erros; é um instrumento de construção, de escuta ativa e de crescimento mútuo. Quando integrado à cultura da empresa, o *feedback* cria um ambiente de transparência e desenvolvimento contínuo, onde as pessoas entendem claramente suas forças, reconhecem as áreas a melhorar e se sentem encorajadas a contribuir.

Convido você a explorar a fundo a prática do *feedback*, entendendo quando e como aplicá-lo para fortalecer a comunicação e motivar sua equipe. Mas, antes de apresentar algumas metodologias, é fundamental destacar que, ao oferecer *feedback*, é essencial evitar qualquer forma de julgamento. Isso cria um ambiente mais acolhedor, permitindo que seu interlocutor se sinta à vontade – algo essencial para que o processo aconteça de forma genuína. O julgamento, além de bloquear a participação ativa do outro, carrega o *feedback* com uma carga negativa, o que vai completamente contra o objetivo de incentivar o crescimento e o desenvolvimento.

No ambiente corporativo, diferentes tipos de *feedback* atendem a necessidades específicas. Vamos explorar os seis mais comuns e como aplicá-los de forma eficaz, com exemplos práticos para facilitar a implementação na sua equipe.

1. *Feedback burger*/sanduíche

O *feedback burger* é uma forma gentil e eficaz de entregar críticas construtivas, estruturado como um hambúrguer: começa com um elogio (o "pão" de cima), seguido de uma crítica construtiva (o "recheio"), e termina com um novo elogio (o "pão" de baixo). Essa técnica busca equilibrar os aspectos positivos e negativos, criando um ambiente seguro e motivador para o colaborador.

Exemplo: "Adorei como você conduziu a reunião com o cliente, foi muito claro. Porém, o relatório precisa de mais detalhes em alguns pontos. Mas fora isso, a colaboração com a equipe foi excelente. Continue assim!".

2. *Feedback* 360 graus

O *feedback* 360 graus envolve coletar opiniões de líderes, colegas, subordinados e até de autoavaliação, proporcionando uma visão completa do desempenho do colaborador. Esse modelo oferece *insights* valiosos para um desenvolvimento mais equilibrado.

Exemplo: "Você tem bons resultados individuais, mas a equipe sente que poderia colaborar mais. Com essa visão ampla, podemos trabalhar no equilíbrio entre suas habilidades individuais e o trabalho em equipe".

3. *Feedback* descritivo

Neste modelo, o foco é descrever comportamentos observados sem julgamentos ou interpretações, apontando ações específicas e seus impactos. Ele ajuda a evitar mal-entendidos e foca a melhoria contínua, não a pessoa.

Exemplo: "Na reunião de ontem, você interrompeu a colega enquanto ela falava. Isso fez com que a discussão perdesse foco. Na próxima vez, tente esperar para expressar sua opinião após a outra pessoa terminar".

4. *Feedback* positivo

Às vezes, o melhor motivador é o simples reconhecimento. O *feedback* positivo reforça o bom desempenho, incentivando o colaborador a continuar com atitudes que trazem bons resultados.

Exemplo: "Parabéns pela apresentação ao cliente! Sua clareza e capacidade de envolver todos foram fundamentais para fechar o negócio".

5. *Feedback* de desenvolvimento

Este *feedback* vai além da correção de erros, sugerindo formas de crescimento e evolução. Ele aponta áreas de melhoria com foco no futuro e na construção do potencial do colaborador.

Exemplo: "Você lidera bem a equipe, mas poderia melhorar na delegação de tarefas. Isso lhe permitirá focar mais as decisões estratégicas. Vamos trabalhar nisso nas próximas semanas?".

6. *Feedback one a one*

O *feedback one a one* é uma conversa personalizada entre líder e colaborador, em que ambos discutem desempenho, metas e desafios. É uma ótima oportunidade para alinhar expectativas, oferecer suporte e planejar o desenvolvimento futuro.

Exemplo: "Hoje, quero ouvir mais sobre os desafios que você tem enfrentado nas entregas. Percebi seu esforço, mas há áreas em que podemos melhorar. O que acha de trabalharmos juntos na gestão de tempo nas próximas semanas?".

Agora, vamos para o que realmente faz a diferença no *feedback*! Com essas dicas práticas, você vai elevar suas conversas a um novo nível, garantindo que sejam construtivas e impactantes. Prepare-se para transformar a maneira como você se comunica e cria conexões!

- **Seja específico.** Apontar comportamentos observáveis e claros evita que o *feedback* se torne vago.
- **Escolha o momento certo.** Forneça-o quando houver chance de melhoria ou para manter boas práticas.
- **Fale com nome próprio.** *Feedback* pessoal é mais autêntico; garanta que o receptor compreendeu.
- **Privacidade é essencial.** Evite expor, garantindo um ambiente ético e respeitoso.
- **Verifique a receptividade**. Confirme que a pessoa está pronta para ouvir.
- **Use o imediatismo**. Quanto mais próximo ao evento, mais impacto.
- **Tenha uma escuta genuína**. Dê espaço para que o outro compartilhe suas percepções sem interrupções.

O *feedback* é uma ferramenta simples e acessível, pronta para ser usada em qualquer contexto e por qualquer pessoa. Agora que você já conhece suas estratégias, chegou o momento de aplicar o aprendizado. Cada conversa de *feedback* é uma chance de crescimento para todos os envolvidos. Ao torná-lo uma prática constante e intencional, você cria um ambiente de confiança, desenvolvimento e melhoria contínua. A verdadeira transformação acontece quando essa troca se integra ao dia a dia, impulsionando mudanças reais e duradouras.

Referências bibliográficas

ARGYRIS C.; SCHON, D. A. *Organizational Learning*: A Theory of Action Perspective. Boston: Addison-Wesley, 1978.

MARQUES, J. R. *Feedback com coaching*. 2. ed. Goiânia: Editora IBC, 2018.

> “A diferença entre estagnar e evoluir está na qualidade do *feedback* que você oferece e recebe.”

Thalita Lima

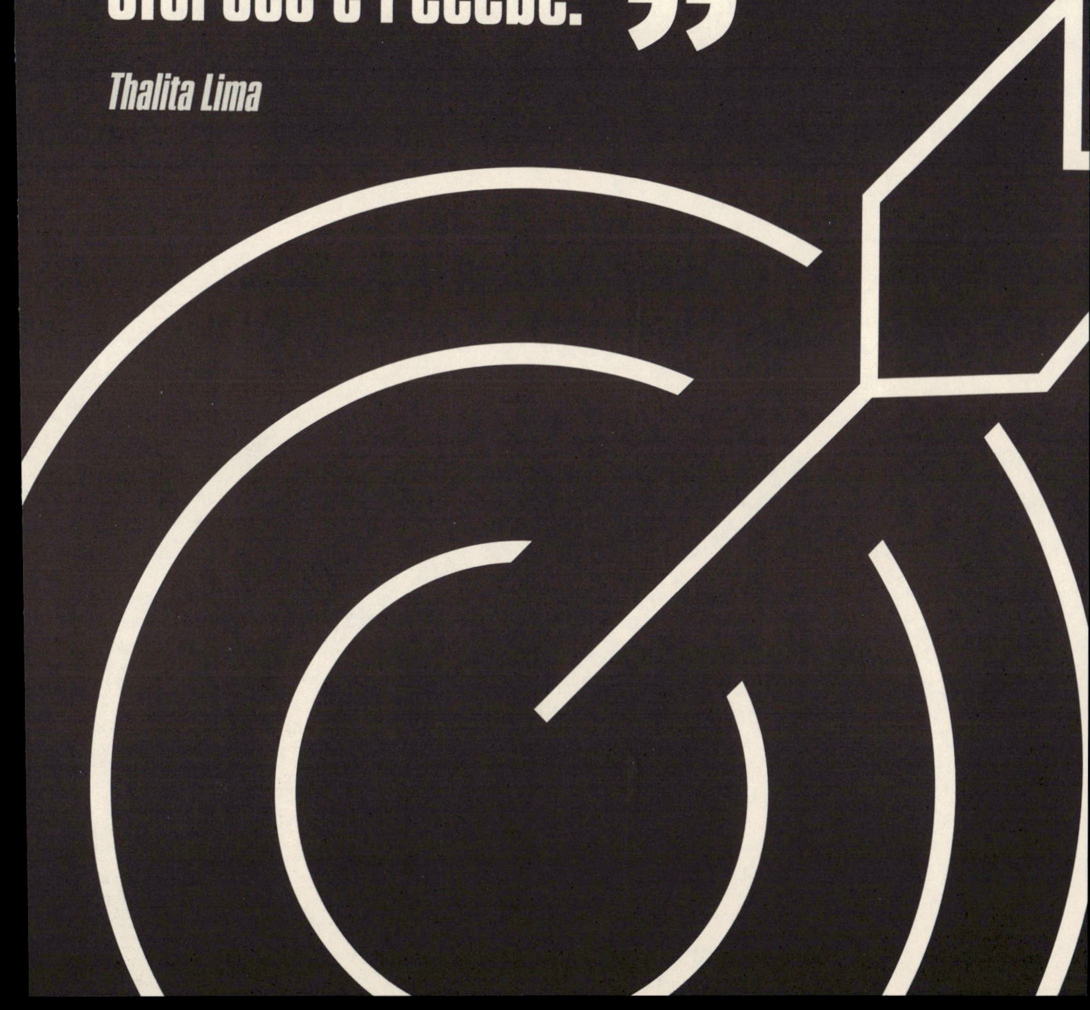

Thiago Brito

Eu sou Thiago Brito, goiano, resido em Cuiabá/MT, sou cristão, pai do Lucas e do Thiago Jr. Sou filho da sra. Carmelita e do meu saudoso pai Donizeti. Sou especialista em vendas e marketing, com mais de 24 anos de experiência no varejo.

Ao longo da minha carreira atuei em grandes redes varejistas, implementando estratégias de marketing e vendas em mais de oito estados do Brasil, criando uma visão mais ampla sobre o impacto da comunicação e das negociações. Hoje, estou como gerente regional de Vendas e Marketing de uma rede varejista no Mato Grosso. Sou compositor, escritor, criador do CQ Sabi Podcast (Youtube e Rádio Cuiabana na FM 105.1) e compartilho a palavra de Deus no meu canal no Spotify.

olhaothiago

alimentandovencedores

+55 (65) 98121-1901

cqsabipodcast

Podcast Alimentando Vencedores

NEGOCIANDO
COM O SUCESSO

30

A IMPORTÂNCIA DE CELEBRAR AS PEQUENAS VITÓRIAS

Por Thiago Brito

No caminho para o sucesso, muitas vezes nos concentramos apenas nas grandes conquistas, como fechar aquela venda extraordinária ou aquele contrato de alto valor, superar aquela meta audaciosa ou até mesmo expandir o negócio para novos mercados. E eu lhe digo com todo o meu coração que essas vitórias são, sem dúvida alguma, marcos importantes na nossa trajetória. No entanto, o verdadeiro segredo de uma jornada bem-sucedida está na habilidade de reconhecer e celebrar as pequenas vitórias ao longo do nosso árduo caminho.

Cada pequeno passo que damos em direção ao nosso objetivo maior representa uma peça importantíssima do quebra-cabeça que, eventualmente, culmina em algo grandioso lá na frente. E entenda uma coisa, quando negligenciamos essas pequenas conquistas, assumimos o risco de desvalorizar o progresso diário e, pior ainda, de perder a motivação necessária para continuar avançando. E, com isso, todo um trabalho para formar uma equipe campeã pode vir por água abaixo.

Neste capítulo, vamos explorar como essas pequenas vitórias podem fortalecer a nossa moral e nos dar mais confiança para avançarmos, fazendo com que criemos uma cultura positiva, motivadora e, sobretudo, manter a chama acesa iluminando o caminho para o sucesso.

Por que devemos celebrar pequenas vitórias?

Podemos ver claramente na Bíblia Sagrada a importância de comemorar as pequenas vitórias. Vejam o exemplo de Davi, que estava prestes a enfrentar o seu grande desafio que era derrotar o gigante Golias; antes, ele se lembrou das pequenas vitórias ao proteger os rebanhos de seu pai, derrotando um leão e um urso e que o encorajou para enfrentar o gigante.

"O Senhor me livrou das garras do leão e das garras do urso; ele me livrará das mãos deste filisteu." (Samuel 17:37)

Nessa passagem da Bíblia, Davi registrou que essas conquistas menores fortaleceram a sua confiança e a sua fé em Deus para os desafios maiores, como foi o de derrotar Golias.

Eu gosto de dizer que a Psicologia do sucesso está diretamente ligada à nossa percepção de progresso. Quando sentimos que estamos avançando, ainda que de forma incremental, nossa confiança aumenta e a nossa motivação se renova. Entenda que celebrar as pequenas vitórias não é apenas um gesto simbólico, é uma estratégia importantíssima e eficaz para manter o foco e o entusiasmo ao decorrer de projetos ou jornadas longas e complexas que exigem um tempo maior para a sua finalização.

- **Aprenda a construir reforço positivo:** o ato de celebrar pequenas vitórias cria um ciclo de reforço positivo. Quando reconhecemos uma conquista, por menor que seja, nosso cérebro acaba liberando a dopamina, que é um neurotransmissor ligado ao sistema de recompensa do nosso cérebro, responsável por gerar sensações de prazer, motivação e de bem-estar. Isso acaba nos impulsionando a continuar buscando novas vitórias. Esse ciclo é essencial para mantermos o foco no longo prazo, pois nos faz perceber que estamos no caminho certo.
- **Construção de confiança:** cada pequena vitória comemorada é, basicamente, uma oportunidade de reforçar a nossa confiança. Para muitas pessoas, a confiança não é algo que surge espontaneamente, ela é construída com base em pequenas evidências de progresso. Ao reconhecermos e celebrarmos cada pequeno passo dado, começamos a nos ver como vencedores, preparados para enfrentar desafios cada vez maiores.
- **Redução da ansiedade e do estresse:** é comum assumirmos projetos de longo prazo e focarmos apenas o resultado. Mas, quando fazemos isso, corremos um grande risco de gerar ansiedade e estresse. Por isso, celebrar pequenas conquistas diárias nos oferece uma pausa para refletirmos sobre o progresso, permitindo, assim, que essa pressão diminua. Esse processo nos ajuda a não nos sobrecarregarmos com a magnitude do objetivo final, focando metas menores e alcançáveis e que devem ser comemoradas sempre que superadas.

- **Construindo estímulos ao engajamento:** para equipes de trabalho, o reconhecimento de pequenos avanços promove um ambiente de colaboração e engajamento. As pessoas se sentem valorizadas quando suas contribuições são reconhecidas e isso aumenta a produtividade, a motivação e a lealdade do colaborador. No contexto de vendas, por exemplo, celebrar cada contrato fechado, cada venda por menor que seja, cada cliente satisfeito, cria um ambiente de incentivo coletivo onde todos se sentem vitoriosos.

Pequenas vitórias no contexto de vendas e negócios

No universo das vendas e dos negócios, as pequenas vitórias têm um valor ainda mais significativo. Um exemplo clássico é a superação de pequenas metas diárias ou semanais. Na empresa onde eu trabalho, por exemplo, temos metas semanais que podem gerar uma bonificação extra em dinheiro, de acordo com cada percentual de atingimento dessa meta e de seus complementos (venda, margem, serviço, móveis). Alcançar essas metas menores impulsiona a motivação para seguirmos firme em direção aos objetivos maiores. Cada venda realizada, cada novo cliente conquistado, cada pequena melhoria nos processos internos contribui diretamente para o sucesso final.

No entanto, muitos líderes de vendas caem no erro de subestimar o impacto dessas conquistas, esperando grandes resultados para celebrar. Isso cria uma lacuna de reconhecimento que pode desmotivar equipes e colaboradores. Se as pequenas vitórias não são celebradas, o caminho para o sucesso começa a parecer muito longo e árduo e até inalcançável.

Casos práticos

- **Novos vendedores:** quando um novo vendedor fecha sua primeira venda, isso deve ser comemorado, não importa o valor dessa venda. Essa primeira conquista é o marco de um começo promissor e, se celebrada da forma correta, pode aumentar sua confiança e encorajá-lo a continuar crescendo e, com isso, gerando mais resultados positivos para toda equipe.
- **Melhorias contínuas:** no setor de atendimento ao cliente, por exemplo, um simples aumento de 1% na taxa de satisfação pode ser uma pequena vitória que merece reconhecimento. Esse tipo de celebração mostra que o progresso está sendo feito e que cada ação conta.

E como celebrar pequenas vitórias de maneira eficaz?

Agora que sabemos que é importantíssimo celebrar as pequenas vitórias, devemos entender que é essencial fazê-lo de maneira autêntica e significativa. A celebração não precisa ser extravagante, mas deve ser sincera e reconhecida por todos os envolvidos no processo.

1º: torne o reconhecimento visível

No ambiente corporativo, a visibilidade das conquistas é fundamental. Isso pode ser feito por meio de elogios públicos em reuniões de equipe, em quadros de avisos ou até mesmo em plataformas digitais internas. A ideia é garantir que todos saibam que o progresso está sendo feito e que cada pequena conquista tem valor.

2º: ofereça recompensas simbólicas

Nem sempre é necessário oferecer recompensas materiais. Às vezes, um simples "parabéns" público, um reconhecimento formal ou um momento para compartilhar a conquista com a equipe é suficiente para criar um sentimento de realização. Contudo, quando for possível, pequenas recompensas como brindes ou momentos de descontração podem potencializar o sentimento de celebração.

3º: faça reflexão e *feedback*

Celebrar também é um momento para refletir sobre o que foi feito de maneira eficaz. Use essas ocasiões para oferecer *feedback* construtivo e reforçar os comportamentos que levaram à vitória. Isso cria um círculo virtuoso, em que o que foi aprendido é replicado para gerar novas conquistas.

4º: crie desafios incrementais

Ao reconhecer as pequenas vitórias, os líderes podem introduzir novos desafios. Cada celebração deve ser seguida de um convite para o próximo passo. Por exemplo, se a meta era fechar um valor X de vendas na semana e a equipe conseguiu superar, o próximo desafio pode ser aumentar esse número ou melhorar a qualidade das negociações, por exemplo melhorando a margem das vendas, vender um serviço ou produto adicional. Isso cria um senso de evolução contínua.

Mas, tome muito cuidado para não exagerar e acabar desmotivando a sua equipe. Metas devem ser alcançáveis.

O perigo de ignorar as pequenas vitórias

Ignorar pequenas vitórias pode ter um efeito desastroso no moral de uma equipe ou até mesmo no progresso individual. Quando os avanços são deixados de lado ou considerados insignificantes, as pessoas começam a se sentir desvalorizadas, o que resulta em queda de produtividade, motivação e até mesmo levam à saída de bons colaboradores.

Além disso, concentrar-se apenas nos grandes marcos pode gerar uma sensação de que o objetivo final está distante e inalcançável. Isso cria frustração e aumenta a chance de desistência, seja em um projeto pessoal, na vida profissional ou em um ambiente de equipe.

Considerações finais

Entenda que celebrar pequenas vitórias é uma estratégia poderosíssima para o sucesso, tanto pessoal quanto profissional. Essas celebrações não apenas criam uma cultura positiva, de confiança e motivadora, mas também mantêm a chama do progresso acesa, mesmo nos momentos mais desafiadores. E saiba que, no final das contas, o sucesso não é medido apenas pelas grandes conquistas, mas também pelas pequenas vitórias alcançadas diariamente. Ao reconhecermos e celebrarmos cada uma dessas etapas, estamos pavimentando o caminho para o nosso maior triunfo.

Saiba que Deus nos fez para vencer, desde o momento em que fomos concebidos, já somos vencedores. Pense em quantos milhões de espermatozoides competiram nessa corrida pela vida, mas foi você quem chegou primeiro. Você venceu a primeira e mais importante corrida da vida.

No livro Romanos, capítulo 8, verso 37, é dito o seguinte: "Antes, e todas estas coisas somos mais que vencedores, por aquele que nos amou".

Creia nessa palavra e vejo o quanto devemos ser gratos por todas as conquistas em nossas vidas, por menores que sejam. Quanto mais você agradecer, mais motivos você terá para agradecer; e quanto mais você reclamar, mais motivos você terá para reclamar. Entenda de uma vez por todas que tudo que você focar vai crescer.

Referência bibliográfica

BÍBLIA Sagrada. João Ferreira de Almeida. Edição revista e corrigida. São Paulo: Difusão Cultural do Livro, 2012.

“

O sucesso não é medido apenas pelas grandes conquistas, mas também pelas pequenas vitórias alcançadas diariamente.

”

Thiago Brito

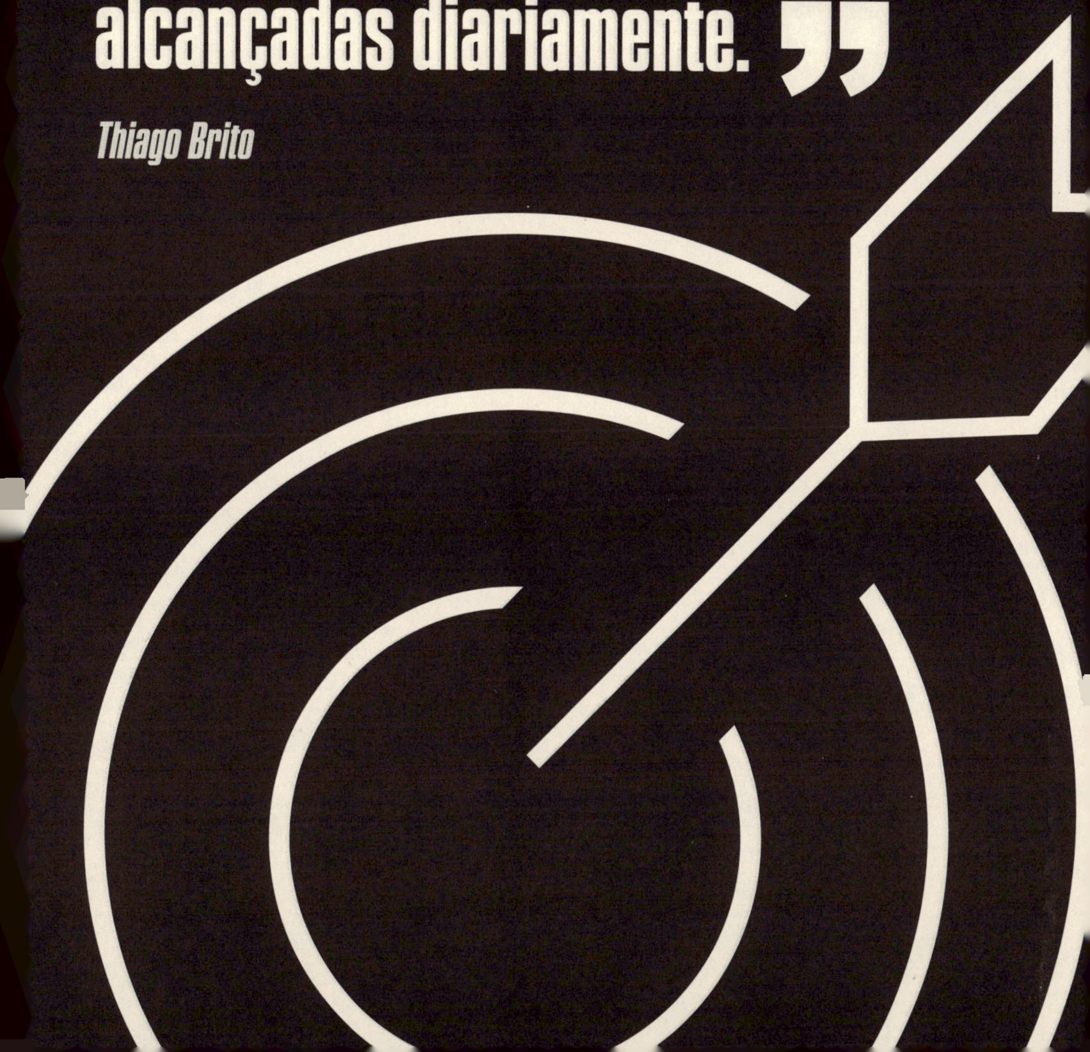

Thiago Sá

Meu nome é Thiago Sá. Nasci em Santos/SP, em 1981. Desde a infância, enfrentei desafios como abuso sexual e vício. Hoje, aos 43 anos, tenho um casamento extraordinário, um casal de filhos fortes, audazes e saudáveis e um bom patrimônio.

Estou no cargo de executivo sênior numa multinacional, liderando o time responsável por desenvolver os mais de mil líderes alocados no Brasil. Criei um método com fundamentos da inteligência emocional, neurociência e Psicologia que tem transformado vidas, e aplico palestras, treinamentos e mentorias.

Geralmente, as pessoas acham que o discurso acima já fala de quem eu sou, mas não fala. Ele simplesmente diz um pouco sobre o que aconteceu comigo, coisas que conquistei e o que faço atualmente.

Siga-me e saiba como vencer através do meu exemplo.

thiago_sa81

NEGOCIANDO
COM O SUCESSO

31

PROCRASTINAÇÃO: VOCÊ TAMBÉM PODE VENCÊ-LA

Por Thiago Sá

Como seria a sua vida se você pudesse estabelecer uma rotina na qual conseguisse incluir tempo de qualidade com Deus, com as pessoas que você ama e consigo? E se você tivesse tempo para estar com amigos, amar-se, cuidar de sua saúde física e mental, estudar algo que lhe faça feliz e que, ao mesmo tempo, proporcionará um avanço em sua carreira e, por que não, tempo para impactar o mundo com a sua história? Como seria se você pudesse viver assim? Pois bem. Você pode!

Acredito que todos fomos gerados com um poder infinito para realizar grandes obras e que, apesar das adversidades, podemos desfrutar de uma vida plena, abundante e cheia de realizações. Para isso, basta adquirirmos competências emocionais que nos darão vitória contra a procrastinação, a causa principal que faz dos cemitérios os lugares mais valiosos da Terra. Afinal, é para lá que vão os sonhos de todos os que passam a vida "empurrando com a barriga".

Pessoas que se aproximam da finitude dessa vida, geralmente, refletem sobre: "Qual foi o propósito da minha existência? Fiz o que eu acreditava ser correto e verdadeiro? Vivi uma vida com significado? Quais marcas deixei no mundo? Como foram meus relacionamentos? Amei, beijei, abracei, me declarei e demonstrei afeto suficiente?". Se você tivesse que responder essas perguntas hoje, quais seriam as respostas?

As respostas mais tristes e desesperadoras são de pessoas que passaram a vida procrastinando. Viveram alucinada e desorganizadamente focando coisas urgentes como pagar contas, apresentações de negócios e outras demandas que, se negligenciadas, trariam prejuízos assim que o prazo estourasse. No entanto, conscientemente ou não, negligenciaram o cuidado de coisas fundamentais para a felicidade e realização humana por não haver um prazo estabelecido e, consequentemente, não gerar prejuízos instantâneos. São essas as demandas que entraram para o *hall* da frase "Não tenho tempo para isso agora" e das quais o prazo invisível se apresentará quando já for tarde demais.

Sabemos que comportamentos produzem resultados. Ou seja, pessoas com comportamentos parecidos com os mencionados acima terão resultados semelhantes. Mas respire fundo e mantenha a calma. Você não está lendo este livro por acaso e, a partir dessa leitura, suas respostas podem mudar. Você está lendo algo escrito por um ex-procrastinador. E, se eu venci, você também pode.

Se eu pude, você também pode

Você conhece a história de Roger Bannister? Ah! Essa história foi um vetor de mudança em minha vida durante uma das imersões que participei. Definitivamente, abriu minha visão para um mundo de possibilidades.

Bannister foi o primeiro ser humano a correr uma milha em menos de quatro minutos. Os cientistas da época, após estudos e pesquisas, declararam ser impossível ao homem realizar tal feito, adicionando o agravante de que correr nessa velocidade poderia culminar na explosão do coração e levar o corredor à óbito. Em 1954, na cidade de Oxford, Bannister se rebelou contra o *status quo* e, diante de aproximadamente três mil espectadores, correu uma milha em 3:59'4".

Apesar da história de superação e coragem, o que mais me impressionou não foi Bannister ter realizado o impossível, como diziam na época, mas o que aconteceu logo depois. Atletas que souberam da façanha, perceberam que a impossibilidade se tornou uma lenda e que as limitações eram mais mentais do que qualquer outra coisa. Quarenta e seis dias depois de Bannister, John Landy fez o percurso em 3:57.9. Depois, Jim Ryun atingiu a marca de 3:51.1 e o recorde atual estabelecido em 1999 por Hicham El Guerrouj é de 3:43.13. O que era utópico para o mundo virou meta após Bannister ter batido o recorde.

A vida que citei no início deste capítulo pode parecer utópica para muitos. Como assim, ter profunda intimidade com Deus e desfrutar de relacionamentos edificantes e prazerosos com as pessoas que amo? Como assim ter tempo para me amar, cuidar da minha saúde física e mental, viver cheio de entusiasmo, vigor e com emoções maravilhosas? Como, além de tudo isso, ganhar dinheiro fazendo o que eu faria com prazer sem receber um centavo e ainda impactar vidas por meio do conhecimento que obtive através de livros, vídeos e cursos? Isso realmente é possível?

Em fevereiro de 2020, após oito anos numa empresa, fiquei desempregado. Meus contatos influentes, apesar da boa vontade, não conseguiam me ajudar a reingressar no mercado de trabalho e a responsabilidade de cuidar de minha família e de nossa cadela pesavam sobre mim. Os efeitos da procrastinação, até então silenciosa, começavam a aparecer. O dinheiro da rescisão ia acabar rápido e eu não tinha outras reservas (fruto da procrastinação com os cuidados do pilar financeiro da minha família). Eu me via sem saída e me sentia impotente e incapaz para solucionar o problema. Foi quando minha esposa, com muita sabedoria, me indicou alguns vídeos que abordavam temas sobre inteligência emocional e desenvolvimento pessoal. Nesses vídeos, anotei indicações de cursos e imersões. Eu me inscrevi em alguns. Durante uma das imersões, fiz um exercício que trouxe muita clareza sobre como minha vida estava. Percebi que não estava procrastinando apenas o cuidado com as finanças, mas também com outros pilares extremamente importantes, como:

- meu relacionamento com minha esposa e meus filhos, não dando tempo de qualidade a eles;
- minha saúde, o que me levava ao hospital quatro a cinco vezes ao ano com falta de ar;
- minhas emoções, o que me tornava frio com as pessoas;
- meu propósito de vida, o que me fazia querer permanecer na cama o dia inteiro de tempos em tempos.

O processo doloroso que vivi nessas imersões me despertaram para um mundo de possibilidades e, após ouvir a história dos que realizaram o impossível depois de Bannister, passei a perceber pessoas que tinham uma vida extraordinária.

Olhando para essas pessoas, pensei: "Se eles puderam, eu também posso!".

As imersões me deram indicações de livros e ferramentas práticas. Mergulhei nos livros, executei as ferramentas e fiz outras imersões. Entrei no *loop* do bem: vídeos > livros > cursos > vídeos > livros > cursos. E o resultado disso é que hoje vivo uma vida que, para muitos, é utopia. Tenho profunda intimidade com Deus, desfruto de relacionamentos edificantes e saudáveis com minha esposa, meus filhos, meus familiares e amigos. Separo tempo para me amar, cuidar da minha saúde física e mental. Vivo cheio de entusiasmo, vigor, com lindas emoções mesmo em meios às adversidades. Ganho um bom dinheiro fazendo o que eu faria de graça e, além de tudo isso, impacto vidas por meio do conhecimento que obtive nos vídeos, livros e cursos.

Ei! Não perca a perspectiva do que estou falando aqui. O que eu quero deixar claro é se eu pude, você também pode.

Passos práticos de como venci

Acredito que tudo acontece para um propósito. As adversidades, os sofrimentos, as frustrações e as dores que superei me tornaram um testemunho vivo para os que estão enfrentando problemas similares. Afinal, como ouvi em um dos vídeos que assisti, "o sucesso deixa pistas". Quero que, com esses passos, você possa tornar o meu sucesso o caminho para o seu sucesso. Vamos aos passos!

1. **Humildade, coragem e verdade:** o prêmio do orgulho é a ruína e onde quer que ele seja aplicado trará o seu prêmio repentinamente. Então, decidi me despir de todo o orgulho que me fazia pensar que estava tudo bem. Inconscientemente, eu empurrava os problemas para baixo do tapete simplesmente porque parecia mais fácil. Eu não queria enxergar que minha vida estava uma m... Bem, você já sabe, né? Precisei de muita humildade, para reconhecer que meu "mundo fantástico de Bob" estava em colapso, e de coragem, para expor e enfrentar os problemas com maturidade e verdade para me libertar da mentira da zona de conforto, que de conforto não tem nada. Uma frase de minha autoria sobre isso é: "A única coisa confortável na zona de conforto é a ilusão de que está tudo bem."

2. **Tudo é aprendizado:** ninguém acorda um dia pensando "Vou acabar com meus relacionamentos, gastar descontroladamente, prejudicar minha saúde com alimentos cheios de açúcar e gordura e viver uma vida amargurada, sem graça e sem propósito". Isso seria loucura. Porém, você deve conhecer pessoas que vivem dessa forma. Isso acontece porque elas aprenderam os comportamentos específicos que produzem exatamente esses resultados indesejados. Aprenderam através de tudo o que viram, ouviram e sentiram desde a infância. Quando, durante meus estudos, descobri isso, confesso que fiquei muito preocupado. Mas logo descobri as maravilhas da plasticidade neural que nos possibilita reaprender o que quisermos, nos dando a possibilidade de nos desconectar dos comportamentos nocivos e estabelecer comportamentos novos e edificantes.
3. **Vídeos, livros e cursos, o *loop* do bem:** se você pudesse resolver seus problemas sem ajuda, já teria resolvido, concorda? Eu sabia o que precisava fazer, mas não tinha clareza sobre como aplicar a solução. Vídeos, livros e cursos de inteligência emocional e desenvolvimento pessoal expandiram minha mente para novas possibilidades. Adquiri as competências cognitivas e emocionais necessárias para colher os lindos frutos que tenho colhido hoje e, no método que criei com o propósito de transformar vidas, aplico as ferramentas que me ajudaram a vencer os meus bloqueios. Faça o mesmo!

A procrastinação, ao contrário do que muitos pensam, não tem relação com a preguiça, mas sim com a falta de competências emocionais que possibilitam a organização e execução de tarefas que podem até trazer um desconforto momentâneo, mas que se assemelham a um árduo plantio que possibilitará uma colheita extraordinária de frutos robustos, suculentos e viçosos, **a colheita da vida extraordinária**.

Coloque os aprendizados adquiridos com este capítulo em prática e comece a construir uma nova estrutura emocional na qual a procrastinação será apenas um episódio de aprendizado e superação como tem sido para mim.

Vejo você em uma das minhas mentorias! Muito sucesso!

“Todos os dias, uma nova versão de nós mesmos aguarda ansiosamente ser encontrada para se manifestar. Encontre-se! Manifeste-se!”

Thiago Sá

EDITORA
CHAVE MESTRA®

Instagram: @editorachavemestra

E-mail: editora@editorachavemestra.com.br

Site: www.editorachavemestra.com.br